ACCESO GRATIS *a la Lectura en la Nube*

AF237866

Para visualizar el libro electrónico en la nube de lectura envíe junto a su nombre y apellidos una fotografía del código de barras situado en la contraportada del libro y otra del ticket de compra a la dirección:

ebooktirant@tirant.com

En un máximo de 72 horas laborales le enviaremos el código de acceso con sus instrucciones.

© TIRANT LO BLANCH
EDITA: TIRANT LO BLANCH
C/ Artes Gráficas, 14 - 46010 - VALENCIA
TELFS.: 96/361 00 48 - 50
Fax: 96/369 41 51
Email: tlb@tirant.com
www.tirant.com
Librería Virtual: www.tirant.es
DEPOSITO LEGAL: V-4924-2025
ISBN: 979-13-7021-919-2
MAQUETA E IMPRIME: Tink Factoría de Color , S.L.

Si tiene alguna queja o sugerencia, envíenos un mail a: atencioncliente@tirant.com.
En caso de no ser atendida su sugerencia, por favor, lea nuestro procedimiento de quejas en:
www.tirant.net/index.php/empresa/politicas-de-empresa

Responsabilidad Social Corporativa
http://www.tirant.net/Docs/RSCTirant.pdf

EDUCACIÓN Y LENGUAJE

PERSPECTIVAS PLURALES SOBRE LA EDUCACIÓN SEDUNDARIA

Almudena Buciega Arévalo (Coord.)

ÍNDICE

PRÓLOGO

Almudena Buciega Arévalo   **1**

LENGUAJE CINEMATOGRÁFICO Y EDUCACIÓN

Xavier García Raffi   **9**

**HABLAR PARA APRENDER. LA IMPORTANCIA DE LA INTERACCIÓN
EN LAS AULAS**

Carmen Rodríguez-Gonzalo   **31**

**LA EDUCACIÓN BILINGÜE COMO HERRAMIENTA DE
FORMACIÓN Y PROGRESO PARA UN FUTURO GLOBAL**

Julia Haba Osca   **49**

**LA DIMENSIÓ SOCIAL DE LES PRÀCTIQUES LINGÜÍSTIQUES EN
L'ÀMBIT EDUCATIU VALENCIÀ.** *El paper del professorat en la
construcció d'una societat lingüísticament justa i cohesionada*

Rafael Castelló-Cogollos
                                                               67

PRÓLOGO

Almudena Buciega Arévalo

Dep. Sociologia i Antropologia Social

Universitat de València

Hablar de lenguaje y educación es hablar de los múltiples modos en que las sociedades producen significado.

El lenguaje forma parte del conjunto de formas sociales de significación que permite a los grupos humanos producir, comunicar y reproducir sentidos compartidos. A través de los diferentes lenguajes se expresa y comparte la comprensión de la realidad, pero también a través de ellos se construye esta realidad social de la que se forma parte.

Más allá de ser un medio de comunicación, con el lenguaje se socializa en los códigos que las personas necesitamos para orientarnos en el mundo, se regulan las formas de relación social y con esto también las relaciones de subordinación o poder entre grupos sociales (Bernstein, 1971).

Sin embargo, los modos en que las personas comunican, significan y se reconocen en sociedad no se limita al mundo de las palabras verbales o escritas. La comunicación sucede por medio de un amplio sistema simbólico que incluye gestos, cuerpos, imágenes, silencios, emociones, símbolos, disposiciones espaciales, etc. Mediante este sistema simbólico complejo se estructuran las dinámicas de dominación y emancipación, de competencia y cooperación, de diálogo y confrontación, de inclusión y exclusión, en las que el sistema educativo también participa.

La institución escolar hizo propio el lenguaje oral y escrito, y el dominio de la palabra se convirtió en objetivo -generar la competencia a los discentes- y también en herramienta. Ésta opera a través de los códigos que la propia institución legitima y otorga validez, ya sea como mecanismo de reproducción o como medio de liberación y resistencia (Freire, 1975; Giroux, 1985).

Desde perspectivas críticas, la sociología, la psicología, la sociolingüística o la pedagogía han investigado sobre los dispositivos de reproducción de las desigualdades sociales en el ámbito escolar. Bourdieu y Passeron (1970) se refirieron al conjunto simbólico de recursos que conforman el capital cultural personal y el escolar, y a como una arbitrariedad cultural ejercida a través de la acción pedagógica condiciona el acceso y relación desigual del alumnado con el sistema escolar. Es esta arbitrariedad pedagógica la que establece, entre otros aspectos, que códigos, lenguajes y canales operan y tienen más valor en el marco del sistema educativo. En este sentido, fue fundamental el trabajo realizado por Basil Bernstein (1971) para ayudarnos a entender la relación que existe entre el uso de códigos lingüísticos restringidos y elaborados y sus contextos sociales, y cómo el uso de unos u otros conlleva formas diferenciadas de acceso y relación con los códigos y discursos legítimos que impone la institución escolar. Los actuales contextos interculturales y digitales introducen sin duda la necesidad de seguir analizando cómo la escuela media, se adapta, incorpora o reelabora sus códigos, y qué implicaciones tiene. Álvarez-Sotomayor y Martínez-Cousinou (2020) apuntan a la necesidad de más trabajos empíricos que puedan aportar datos actuales sobre la relación entre el dominio de unos códigos lingüísticos y el rendimiento escolar en el caso de hijos/as de persona migrantes. Por otra parte, el uso de la IA también introduce desafíos muy importantes para los contextos escolares y académicos. Britta Schneider (2022) alerta sobre como las tecnologías digitales comerciales del lenguaje contribuyen a la amplificación de las jerarquías sociolingüísticas y a descontextualizar las lenguas y desprenderlas de su arraigo cultural; lo que implica también perder la conciencia del poder del lenguaje para construir la realidad.

Esta capacidad del lenguaje para construir realidad ha sido explicada muy bien por las investigadoras que analizaron los procesos de socialización de género y los mecanismos de reproducción de la desigualdad entre hombres y mujeres. Judith Butler (1990) analizó cómo el género se reproduce a través de actos repetidos de lenguaje verbal y corporal. Marina Subirats (2016) llama la atención sobre la sutileza de los mecanismos que -a través del lenguaje, gestos, palabras símbolos… currículum oculto- siguen reproduciendo la desigualdad entre hombres y mujeres.

También desde enfoques decoloniales se analiza la importancia de revisar y transformar el lenguaje escolar y académico y sus usos, en tanto imponen unas jerarquías culturales que reproducen relaciones de desigualdad (Browning et al., 2022). Cuando se generan situaciones en las que las personas no son reconocidas como agentes capaces de construir y transmitir conocimiento se generan, en palabras de Miranda Fricker (2017), situaciones de "injusticia epistémica". En concreto, la autora se refiere a la "injusticia testimonial" para explicar aquellas situaciones en las que no se otorga suficiente credibilidad al testimonio de los hablantes que la padecen.

A pesar de todo lo anterior, afortunadamente también hay mensajes de resistencia; nos vienen a la cabeza Paulo Freire (1975) o Henry Giroux (1985), aunque hay otros y otras. La diversidad de lenguajes que utilizamos para entendernos en la realidad social nos permite también encontrar las fisuras a través de las cuales ser críticos, dibujar otras realidades y pensarnos en ellas. En un acto de desafío a la institución académica, Gloria Jean Watkinks decidió usar el pseudónimo bell hooks en minúsculas para poner el foco en sus ideas y no en su identidad. En su obra Enseñar a Transgredir (2021) destaca el valor de generar en el aula el espacio para la expresión del relato personal, de la anécdota y de aquellas narrativas a las que el mundo académico nos ha acostumbrado a no dar valor -o no tanto valor, al igual que a otros lenguajes como el visual o el artístico- porque no responden a los códigos elaborados legítimos de la institución educativa.

Generar espacios para que una comunicación e/afectiva e igualitaria suceda también se encuentra en la base de la propuesta de Jürgen Habermas (1987). Frente al lenguaje como mecanismo de dominación, el autor proponía orientar la comunicación hacia el entendimiento y que las relaciones se basen en pretensiones de validez -negociación, argumentación, diálogo- y no de poder.

Este trabajo lo integran cuatro artículos que aportan miradas diferentes a la relación entre lenguaje y educación. Coinciden en presentar el acto comunicativo, utilice las formas que utilice, como medio para fomentar el entendimiento y el diálogo entre las personas; reforzar identidades y diálogos interculturales; y desarrollar la capacidad del estudiantado para explorar el mundo y hacerlo desde una mirada crítica, como parte de un proceso de aprendizaje que transciende los contenidos. Para alcanzar estos fines, se reivindica el papel fundamental del profesorado como agente de cambio y mediador en dichos procesos.

El profesor Xavier García Raffi nos invita a explorar la importancia del lenguaje cinematográfico y la ficción audiovisual como herramienta educativa esencial, especialmente en el área de las humanidades y las ciencias sociales. Se apunta cómo la escuela ha estado tradicionalmente centrada en el texto escrito como modelo de transmisión de conocimiento y análisis e interpretación de la realidad, y plantea cómo el lenguaje audiovisual ofrece unas posibilidades didácticas semejantes.

El autor señala cómo, en una sociedad tremendamente visual como la actual, la escuela debe tener en cuenta el poder del cine para influir en las conductas, en la memoria social y en la comprensión de la realidad por parte de los y las jóvenes. A través del cine se observan los procesos evolutivos de las sociedades, el surgir y resurgir de modelos humanos arquetípicos que muestran problemas existenciales de la humanidad, o las grandes reflexiones filosóficas. Pero también se puede afirmar que existe todo un "currículum oculto" en cada película que es necesario enseñar al estudiantado a detectar y analizar. Como señala Xavier: "La imagen siempre remite a niveles de significado más profundos", y su fuerza reside en "esconder los significativo tras lo evidente". Enseñar al estudiantado a realizar un análisis del texto fílmico o a "leer" la imagen de manera crítica le permite no solo examinar los conceptos filosóficos, literarios o histórico-sociales, sino también revisar su impacto en el nivel más introspectivo y desarrollar la capacidad de examinar su influencia sobre sus comportamientos.

La profesora Carmen Rodríguez Gonzalo desarrolla en su texto la importancia de la interacción verbal, no como técnica sino como motor del aprendizaje y en última instancia como la base del desarrollo social y cognitivo de las personas. Se expone cómo en el marco de la convivencia con otros tipos de lenguaje, la interacción verbal se orienta hacia el aprendizaje de contenidos siempre que se creen contextos enriquecedores que permitan a alumnado con distintas capacidades trabajar en colaboración.

En la línea expresada por Habermas (1987) cuando defiende la comunicación como un acto para el entendimiento, la autora expone que es a través de la forma del habla exploratoria cuando se observa que los participantes se implican crítica y constructivamente con las ideas de las otras personas y piensan con los demás. Esto resulta de gran valor para la autorregulación del proceso de aprendizaje, pero también para enseñar a participar en procesos de diálogo cooperativos. Ante esto, se destaca el papel activo que han de desempeñar los y las docentes, propiciando el diálogo y sobre todo construyendo el andamiaje necesario que permita la consecución de los objetivos de aprendizaje en el contexto de aulas dialógicas.

Por su parte, la profesora Julia Haba Osca nos traslada al gran desafío que supone la incorporación de las lenguas extranjeras en la educación obligatoria en España mediante la implantación del currículum bilingüe. Si bien los estudios ponen en valor los efectos positivos de esta propuesta, la autora señala la necesidad de tener en cuenta el punto de vista de perspectivas más críticas, así como de recoger la visión y experiencias de las familias.

El aprendizaje de las lenguas ha ido evolucionando hacia praxis que ponen el foco en la importancia del hecho comunicativo y aprendizaje intercultural, más allá del aprendizaje léxicogramatical del idioma. En esa línea, la autora destaca el término *translanguaging* como pedagogía que permite a profesorado y alumnado utilizar todos los recursos lingüísticos, de diferentes lenguas, que tengan a su disposición. Si bien nadie pone actualmente en duda el valor de fomentar en el alumnado la competencia lingüística en varios idiomas y son importantes los avances realizados, se reconoce la existencia de retos que hay que afrontar. El profesorado aparece de nuevo como un agente clave en todo este proceso.

Tanquem aquesta publicació amb el treball del professor Rafael Castelló, on aborda la dimensió social de les pràctiques lingüístiques en l'àmbit educatiu al País Valencià, centrant-se en la importància del paper del professorat en la construcció d'una societat justa i cohesionada. Es planteja que la llengua no és neutral -de la mateixa manera que tampoc ho és el currículum- en un espai polític com és l'educatiu, en el qual es reprodueix la relació asimètrica entre la llengua dominant que és el castellà i el valencià. Malgrat una política lingüística en educació (Llei d'Ús i Esenyament del Valencià) l'asimetria es continua mostrant en la presència diferenciada d'una i una altra llengua en els espais formals i informals i en una dominació simbòlica del castellà que es posa de manifest en les actituds d'ocultació lingüística de la societat.

El discurs de la «neutralitat» del professorat s'identifica com un dels principals obstacles a la normalització i per aquest motiu es reivindica que tot el professorat actue com a agent de política lingüística, i siga conscient de la dimensió política de la seua tasca. El text proposa línies per una societat en la qual puguen conviure igualitàriament dues llengües:

reconèixer la desigualtat de partida, impulsar polítiques actives, vehicular el valencià en l'ensenyament i formar el professorat amb competència i consciència sociolingüística. S'insisteix en el treball educatiu per transformar actituds socials, combatre prejudicis i promoure el respecte cap a les llengües minoritzades. El reconeixement de les identitat lingüístiques és un repte col·lectiu, complex i imprescindible si es vol una societat més cohesionada, justa i diversa.

Referencias

Álvarez-Sotomayor, Alberto y Martínez-Cousinou, Gloria (2020). "Inmigración, lengua yrendimiento académico en España. Una revisión sistemá-tica de la literatura". Revista Internacional de Sociología78(3):e160. https://doi.org/10.3989/ris.2020.78.3.19.083

Bernstein, Basil (1971). *Class, Codes and Control*, Routledge and Kegan Paul Ltd.

Bourdieu, Pierre & Passeron, Jean-Claude (1970). *La reproduction. Éléments pour une théorie du système d'enseignement*. Paris: Les Éditions de Minuit.

Browning, Peter, Highet, Katy, Azada-Palacios, Rowena, Douek, Tania, Gong, Eleanor and Sunyol, Andrea (2022) 'Conspiring to decolonise language teaching and learning: reflections and reactions from a reading group'. *London Review of Education*, 20 (1), 42. DOI: https://doi.org/10.14324/LRE.20.1.42.

Butler, Judith (1990). *Gender Trouble: Feminism and the Subversion of Identity*. New York: Routledge.

Freire, Paulo. (1975). Pedagogía del oprimido. Ed. Siglo XXI.

Fricker, Miranda (2017). *Injusticia epistémica*. Herder.

Giroux, Henry (1985). "Teorías de la reproducción y la resistencia en la nueva Sociología de la Educación: un análisis crítico". Cuadernos Políticos, (44), pp.36-65.Habermas, Jürgen (1987). *Teoría de la acción comunicativa*. Ed Taurus.

hooks, bell (2021). *Enseñar a Transgredir. La educación como práctica de la libertad.* Ed. Capitán Swing.

Schneider, Britta (2022) "Multilingualism and AI: The Regimentation of Language in the Age of Digital Capitalism". *Signs and Society.* 2022;10(3):362-387. doi:10.1086/721757

Subirats, Marina (2016). "De los dispositivos selectivos en la educación: El caso del sexismo". *RASE*, 9(1), 22-36.

LENGUAJE CINEMATOGRÁFICO Y EDUCACIÓN

Xavier García Raffi

Departamento de Filosofía

Universidad de Valencia

1   Introducció

La escuela enseña patrones de uso del lenguaje que permiten una comunicación social más eficiente. En el caso del texto escrito hay una larga tradición del uso, organización y esquemas adecuados para transmitir el mensaje que se quiere comunicar. El análisis de textos es una técnica con la que el profesorado está familiarizado y se ha puesto en práctica en el aula durante décadas. El texto fílmico tiene una tradición mucho más corta, un hecho que es en sí mismo una ventaja porque permite la creatividad y la innovación por parte del profesorado.

Presente en el aula con peso propio en el área de las humanidades, en especial en las asignaturas de historia, lengua y literatura y filosofa, la ficción cinematográfica ha adquirido importancia creciente en el aula desde la década de los 80 del siglo pasado siempre con un plus de dificultad para encajar su uso dentro del currículum. Ya no es una novedad la visión de una película de ficción en el aula, pero sigue siendo objeto de debate cómo utilizarla para obtener el mejor resultado en el logro de los objetivos de las asignaturas del área de humanidades.

Nuestro artículo tiene pues como referente la ficción cinematográfica— ya aparezca en el cine o en la televisión o en cualquier formato o soporte electrónico— y cómo usarla en el aula. En una primera parte, el artículo señala el papel del cine como educador: de qué manera el cine interviene en la educación de nuestro alumnado en su condición de espectadores y como parte de una sociedad que ha sido, desde su invención hace un siglo, influenciada cada vez más por la imagen cinematográfica— arrinconada en su influencia por la reciente aparición de las redes sociales— que ha condicionado no sólo su forma de ver el mundo sino también su propia formación personal. En la segunda parte sugeriremos usos de análisis del cine en el aula. Las sugerencias serán respecto a la semántica del texto, su contenido conceptual, pues nuestra propuesta dejaría limitado su análisis sintáctico a las referencias básicas imprescindibles para centrar adecuadamente el contenido de la imagen analizada. Un análisis sintáctico de las películas supera con mucho nuestras pretensiones por ser de una complejidad teórica semejante al examen formal de las obras artísticas: una disección de los elementos del film, con todos los problemas añadidos que introduce el tempo cinematográfico, que queda fuera del uso didáctico del cine en el aula. Es una evidencia que el mundo de la imagen no puede quedar al margen de la escuela que no puede estar centrada exclusivamente en el texto escrito como el único modelo canónico de la transmisión de conocimientos. El lenguaje cinematográfico ha de ser un elemento más integrado en la dinámica de las asignaturas del área de humanidades. Su aprovechamiento didáctico debería permitir el reforzamiento de las capacidades de análisis y razonamiento del alumnado, ofreciendo unas posibilidades didácticas semejantes a la del texto escrito.

2   Lo que el cine enseña

El cine enseña de forma no reglada conocimiento a los espectadores y por tanto a nuestro alumnado. No sólo en su literalidad— enseñando los pasos para atracar un banco o hacer trampa al póker— sino también en la forma de confrontar las relaciones personales y sociales independientemente de la historia que esté narrándose en la pantalla. Bajo la lucha con espadas láser, los disparos de Winchester o el izado de las velas de un navío bulle todo un contexto de significados que hace al espectador receptor de comportamientos, relaciones sociales y memoria histórica. Aunque los muertos cinematográficos resucitan al acabar el rodaje o la lucha contra un Godzilla radiactivo es resultado de los efectos especiales, el espectador surge de la sala con elementos aprendidos que van más allá de la historia que le han contado.

El cine no resulta tan trasparente ni visible como se podría creer a partir de una mera contemplación pasiva de lo que ocurre en la pantalla. La lectura manifiesta del cine esconde mayor complejidad de la que se deduciría de la historia lineal narrada. Tradicionalmente ha habido una actitud reverencial frente al texto literario bien urdido que se suponía debía provocar comentarios igual de complejos. La imagen cinematográfica es engañosamente diáfana; parece que su sentido puede agotarse de un sólo golpe. Pero no es así. La imagen siempre remite a niveles de significado más profundos. La fuerza del cine está en ese esconder lo significativo tras lo evidente. La imagen parece un elemento que aparentemente agota su significado al ser contemplado, que está lastrado por la emoción y alejado del concepto. Sin embargo, y casi sin esfuerzo, conduce al espectador al terreno de la psicología, de la antropología, de la etología y de la ética.

3   Los modelos de conducta

El cine es sin duda el arte de nuestro tiempo. Ha reflejado sus cambios históricos y sociales, pero sobre todo ha sido capaz de mostrar mejor que ningún otro medio anterior el mundo onírico —lleno de esperanzas, deseos y frustraciones— de los seres humanos. Las películas han formado un polo poderoso para nuestra atención, han sido capaces de potenciar nuestra imaginación con historias y mundos maravillosos, pero también nos han suministrado valores y patrones de conducta invisibles que han modificado nuestra manera de ver y entender la realidad.

En un fenómeno estudiado desde antiguo con el teatro: el mecanismo de la identificación arrastra al espectador a hacer suyos e imitar los comportamientos vistos en la pantalla. Estos comportamientos vienen envueltos con las emociones positivas o negativas de los personajes que los ejecutan y encarnan. La imitación de las maneras y formas de actuar en la pantalla pueden llevar incluso a anular la capacidad de reflexión del individuo que se ve arrastrado por la fuerza de la imagen. Negarle al cine esa capacidad apelando a una recepción racional y crítica por parte del espectador es siempre arriesgado. Nadie discute la capacidad de la publicidad para condicionar la vida de las personas y la dificultad de aislarse de su bombardeo continuo que les lleva a aceptar consumos sin sentido, decisiones de compra compulsivas o cánones de belleza imposibles.

Para disminuir la fuerza de la imagen sobre los individuos es necesaria una verdadera terapia en la que se les debe suministrar la capacidad crítica suficiente para que sean capaces de examinar racionalmente sus influencias sobre sus comportamientos deshaciendo clichés y tópicos. Desvelar los mecanismos sociales de adquisición de roles y el importantísimo papel que el cine y la televisión tienen en ellos sería el primer paso para que el espectador los cuestione.

El cine ha fabricado tópicos, estereotipos, en definitiva, modelos de comportamiento social simplificados, elementales y reduccionistas. Juzgamos lo que es el mundo a través muchas veces de los tópicos que la pantalla suministra, tópicos que persisten con inusitada fuerza en la memoria social y que se resisten a su desaparición por la mera crítica racional. Los hermanos Krin Gabbard y Glen O. Gabbard, en su clásico estudio Psychiatry and the Cinema dicen:

> "Cualquier persona inteligente, afirma el argumento, puede discriminar entre la imagen del celuloide y la real. Estamos totalmente en contra de este argumento que trata al espectador de cine como un pensador racional y sofisticado que está fuera del alcance de la influencia de las fuerzas inconscientes. Por el contrario, señalaríamos que estas imágenes operan sobre nuestro inconsciente a lo largo de toda la vida, incluso aunque rechacemos conscientemente los estereotipos que hemos visto en las películas. El efecto acumulativo de contemplar película tras película es la creación de un depósito repleto de estereotipos internos almacenados en los bancos de memoria preconsciente e inconsciente"[1]

Ver conductas y analizar comportamientos supone examinar la complejidad social en la que estas conductas se realizan. Los estereotipos de género y los roles sexuales son uno de los elementos de transmisión más importantes: La pantalla ha tratado de definir qué comportamientos son los definitorios de ser hombre o mujer. El dramatismo que puede provocar estos comportamientos interiorizados forma el núcleo trágico de la serie Adolescencia (Adolescence, Netflix 2025) en la que una investigación criminal sobre un adolescente acaba revelando en el machismo el elemento causal que le empujó al crimen.

Pero este núcleo de conocimientos asociado a la capacidad del cine de expandir y universalizar modelos de conducta no agota las reflexiones que sobre la contemplación de las conductas de los seres humanos en la pantalla pueden hacerse. La capacidad de absorción de conductas que provoca la imagen tiene otra lectura diferente con una inesperada conclusión: es un hecho que los espectadores son capaces de identificar conductas por encima de cualquier barrera o limitación cultural. La pantalla supera fronteras y la comprensión de las conductas que en ella aparecen deviene universal. Descubrimos en la pantalla la intención y los objetivos de los protagonistas por su lenguaje corporal: las miradas, los rostros y las emociones básicas reflejados en ellos. Precisamente las películas que más nos afectan son las que más nos emocionan por encima de las limitaciones de la lengua o de la cultura, aquellas en las que reconocemos en el extraño a un ser humano como nosotros prescindiendo de sus peculiaridades culturales.

Vittorio de Sica explicaba el sorprendente éxito de una película de "ambiente local" como era Ladrón de bicicletas (Ladri di biciclete, Vittorio de Sica 1948) en todo el mundo con un argumento que haría feliz a Wundt el padre de la psicología, pero también a Konrad Lorenz el fundador de la etología. ¿Cómo podía la tragedia de un modesto padre de familia a la que le han robado la bicicleta en la posguerra italiana emocionar hasta las lágrimas tanto al adinerado público de Nueva York como a los pobres campesinos de Argelia o de Bombay? No era, decía, sólo por la historia de un hombre que en compañía de su hijo pequeño busca la bicicleta que le han sustraído y necesita para trabajar. Era, también, decía, porque en el clímax de la película la cámara enfocaba el rostro sudoroso de aquel hombre desesperado en medio del ferragosto romano y éste con una pañuelo raído y arrebujado como un trapo se secaba el sudor de una forma anormal: giraba el pañuelo en dirección contraria al movimiento de las agujas de un reloj. El público del mundo entero entendía el gesto y sentía el corazón en un puño: aquel hombre había tocado fondo.

Más allá de las palabras y de los argumentos el cine muestra a los seres humanos como una misma especie. En un sentido profundo el cine es un arte global. El gesto, las emociones universales que superan las fronteras de la cultura, enfrentan al espectador con la contradicción entre naturaleza y cultura. El cine no sólo transmitiría al espectador roles y conductas, sino que en ese proceso de transmisión le obligaría a reflexionar sobre su propia condición y sobre la de la humanidad. Entender qué pasa en la pantalla nos remite a una única naturaleza humana, nos lleva a pensar sobre quiénes somos los seres humanos.

4 La experiencia vicaria: emocionarse para reflexionar sobre qué elegir

El cine provoca con una fuerza semejante al teatro el fenómeno de la catarsis o la capacidad para hacer aflorar emociones reprimidas. La reflexión que provoca la contemplación externa de problemas y angustias íntimos ayuda a aclarar la introspección de qué es lo que nos pasa y qué debemos hacer para intentar superarlo. Este punto es esencial en las películas que representan los momentos de tránsito en la vida de las personas: el mundo mágico de la niñez, la adolescencia y sus conflictos, el descubrimiento del amor, la aceptación de la madurez, la crisis de la convivencia de la pareja, la responsabilidad de la paternidad o la maternidad, la serenidad ante el envejecimiento, la superación de la muerte de un ser querido. Han existido, incluso, películas generacionales que han sabido conectar con alguno de los cambios vitales de toda una generación rodeándolas de una aureola que las siguientes generaciones no entienden como Esplendor en la hierba (Splendor in the Grass, Elia Kazan 1961) o El Graduado, (The Graduate, Mike Nichols 1967)

El campo de las grandes decisiones vitales ha sido transformado por el cine de Hollywood en el núcleo de un gran número de comedias que hablan de la ruptura de una pareja y el proceso de rehacer la vida formando otras nuevas. El filósofo Stanley Cavell analizaba siete comedias clásicas americanas de "volver a casarse"[2] (entre otras, La fiera de mi niña de Howard Hawks, 1938; La costilla de Adán de George Cukor, 1949 y Sucedió una noche, de Frank Capra, 1934) para establecer un diálogo entre el film y grandes obras del pensamiento filosófico como las Hegel y Wittgenstein. Como en aquellas, los personajes de estas películas se encuentran solos ante un futuro por decidir sin otra ayuda que su razón y en conflicto con sus sentimientos[3].

La esencia de la intriga y la emoción de un argumento ha sido la confrontación y el conflicto, y no hay arte como el cine capaz de representarlos en toda su complejidad y dinamismo. Al representar modelos de conducta contradictorios entre los que se debe decidir, o al señalar encrucijadas vitales en las que los actores toman partido por estilos de vida divergentes de la escala de valores vigentes, el espectador debe igualmente posicionarse éticamente y plantearse qué hubiera él hecho, que decisión habría tomado. Así, la visión de la conducta humana en la pantalla acaba provocando la reflexión sobre nuestra propia conducta y sus condicionantes sociales. El cine es un instrumento fundamental de autoconocimiento en el que a través de la visión de lo que otros seres humanos sienten o hacen reflexionamos sobre lo que nosotros haríamos o sentiríamos. Es lo que podríamos llamar experiencia vicaria; vivir en la pantalla algo que podría habernos sucedido y, en consecuencia, no puede dejarnos indiferentes. Las películas son capaces así de representar escenarios posibles hacia los que pueden conducirnos determinadas actitudes o comportamientos ayudando a corregir los que nos llevarían a resultados indeseables. Igual que al personaje de Mr. Scroob del Cuento de Navidad de Dickens, la pantalla hace desfilar ante nuestros ojos lo que nos puede deparar el futuro obligándonos a reflexionar sobre los fines y las metas que deseamos para nuestra vida.

Estas experiencias vicarias pueden generarnos una angustia tal que nos sumerjamos por completo en la película y temamos el que les puede pasar a los actores como si fuéramos uno de ellos, difuminándose por completo la distancia entre el espectador y la pantalla. Es el secreto de las grandes escenas del cine de terror como el apuñalamiento en la ducha de Psicosis (Psyco, Hitchcock 1960), pero también el de los grandes dramas: los espectadores sufren con cada paso que dan en el campo minado los actores de Sirat (Oliver Laxe, 2025) y esperan que salga vivo del trance Sergi López confiando en la norma no escrita del obligatorio final feliz.

5   Los mecanismos del inconsciente

En el inicio el cine era estrictamente realista porque bastaba con reproducir la vida para que las películas fueran atractivas para los espectadores: la salida de una fábrica, la llegada de un tren. La sofisticación de la mirada del espectador era mínima y su capacidad de asombro ante el prodigio máximo: a semejanza de un dios estaba presente en cualquier lugar del mundo que le mostrara la pantalla. El realismo era la condición absoluta a cumplir en las películas. El cine fue educando al espectador introduciéndolo en un mundo de fantasía con los primeros efectos especiales de las películas de George Méliès y Segundo de Chomón. Pronto el cine aprovechó esa capacidad técnica para representar las ensoñaciones humanas y el paisaje de los sueños en la pantalla se fue haciendo más complejo a medida que el cine pasó a representar como vivos y presentes recuerdos y deseos. No hay método mejor para visualizar la complejidad de la mente humana. El cine penetra en nuestro interior y saca a la luz la dimensión inconsciente de nuestra conducta: sueños, recuerdos, deseos, forman parte de su entramado argumental con la fidelidad y la facilidad que le ha proporcionado la técnica. La narración cinematográfica adquiere así una inusitada profundidad en la que las raíces en el pasado que condicionaron una conducta presente aparecen con la fuerza de una realidad paralela mediante el flash-back. La complejidad de la conducta humana puede hacerse tan profunda como se desee porque no hay limitación a la capacidad introspectiva del cine que sólo se contiene en favor de la coherencia de la narración. Con el auxilio del flash-back los recuerdos aparecen en forma vívida, fragmentos de sueños se incorporan a la acción, la narración nos enseña lo que creen los personajes que está pasando enfrentado a lo que realmente pasa, se materializan las ilusiones de los protagonistas, personajes ya fallecidos hablan y aconsejan a los vivos, seres fantásticos o monstruosos fruto de las ideas más disparatadas caminan bajo la luz del sol. Con sus medios técnicos ningún artificio de la mente queda fuera del alcance del cine. Los espectadores han adquirido una flexibilidad total para identificar esos elementos oníricos en la narración y son capaces de seguir un complejo entramado de tiempos en que pasado y presente se unifican y la distancia entre la realidad y lo fantástico ha desaparecido. Cada vez es más difícil sorprenderlos y no hay narración por sofisticada que sea que no sean capaces de seguir.

Desde que Dalí colaborará en la construcción de los decorados de Recuerda (Spellbound, Alfred Hitchcock 1945), el mundo de los sueños y junto con él el diván del psicoanalista ha ocupado una porción significativa del cine clásico americano y europeo. El inconsciente, con su complejo mundo de símbolos, disfraces de nuestras pulsiones y traumas, aflora en la aversión al rojo de Marnie en Marnie, la ladrona (Marnie, Alfred Hitchcock 1964), o en el fetichismo necrófilo de James Stewart por recuperar de la muerte a su Madelaine en Vértigo o De entre los muertos (Vertigo, Alfred Hitchcock 1958). El inconsciente visualizada en la pantalla ha dado paso a una enorme cantidad de jerga psicológica popularizada, además, por el cine de acción que ha aprovechado a fondo la libertad de guion que ofrece la figura del perturbado y mucho más la del psicópata en que basta con recurrir a la locura para justificar cualquier acción por monstruosa o disparatada que sea. Desde el rotundo éxito de El silencio de los corderos (The Silence of the Lambs, Jonathan Demme 1991), psiquiatras y perturbados son roles habituales en las películas de misterio y de acción. El enorme conjunto de películas disponibles presenta ejemplos de todo lo imaginable psicológicamente, incluyendo una larga lista de alteraciones mentales, representadas en la mayoría de las ocasiones de forma esquemática, que han contribuido a mantener más que a revisar los tópicos sobre la enfermedad mental[4].

6 Convencer: el arte de la propaganda

La industria cinematográfica no sólo ha proporcionado una producción masiva de entretenimiento. Desde sus inicios, la capacidad de influencia del cine sobre las conductas de los seres humanos lo transformó rápidamente en un poderoso medio de propaganda y los estados se apresuraron a prohibir o censurar aquellas películas que ponían en tela de juicio los valores sobre los que se basaba su sistema social y político.

Hasta qué punto las imágenes propagandistas son eficaces es objeto de discusión. La capacidad de influencia de la propaganda sobre las personas es indudable pero no anula la libertad de decisión, el libre albedrío. Ser víctima de la propaganda es también una forma de rechazar la responsabilidad por los actos cometidos. Siempre la duda oscila entre si se acepta la propaganda por saturación o si las circunstancias sociales empujan a las personas a aceptar el mensaje de la propaganda y cerrar los ojos a las realidades que contradicen el mensaje reiterado propagandístico[5].

La Revolución rusa expandirá la noticia a los Estados que, de repente, se enfrentan al poder de las imágenes del triunfo de los revolucionarios, verdaderas soflamas para las clases humildes. El acorazado Potemkin (Bronenósets Potyomkin, Eisenstein 1925) será prohibido a medio camino del odio y la admiración. El fascismo, adversario en la lucha ideológica, quiere también su Potemkin con el que contrarrestar la fuerza de la producción cinematográfica bolchevique. Un irritado Goebbels exige a la cinematografía alemana una película que sea rival de la rusa y exponga con la misma carga emotiva el mensaje del nacionalsocialismo.

En la Primera Guerra Mundial, las naciones beligerantes trataron de mantener el consenso bélico mediante el cine: no sólo se intentaba mostrar la justicia de sus razones sino también falsificar la situación real que se vivía en las trincheras en aras de mantener el consenso en la retaguardia y evitar la fractura social que se produciría de conocer la envergadura y crueldad de la matanza que se había desatado. Había que "vender la idea de la guerra"[6]. En un momento que faltaba de todo, la Alemania nazi invertirá cuantiosos recursos para realizar un drama histórico, Kolberg (Veit Harlan, 1945), en el que la insurrección popular contra Napoleón y la defensa a ultranza de la ciudad contra los franceses en 1807 (en realidad, un episodio menor de la campaña en que Napoleón volvió a aplastar a los prusianos) se transformaba en un mensaje contemporáneo a favor de la "guerra total". Un optimista Hitler pensaba que la realización y difusión de la película era más importante que una victoria ganada en el frente ruso[7].

Pero no es exclusivo del cine bélico el uso de la propaganda. El cine como un medio masivo de convencimiento admite formas de propaganda más sutiles. El cine americano, por ejemplo, no sólo ha difundido el modo de vida americano, sino que ha proyectado tópicos y prejuicios en función de los intereses políticos y económicos. En las películas, Sudamérica es una región donde no rige la ley y los turistas o los aventureros pueden actuar como infractores o bandidos sin responsabilidad, Un sustituto del salvaje Oeste. El amigo americano adjudica calificativos a las naciones según su grado de vasallaje o la fuerza de su alianza: los europeos pueden ser cobardes, valientes, nobles o solo unos farsantes sofisticados según sople el viento de sus intereses internacionales.

7   Constructor de la memoria social

El cine es un poderoso medio de adoctrinamiento. Esta capacidad de manipular la realidad es especialmente importante porque, y es un fenómeno creciente de estudio, el cine no manipula, sino que sustituye la realidad. Nada como el cine para cambiar nuestra percepción de la realidad hasta el punto que sus historias se incorporan a las biografías de los espectadores. Las personas se ven reflejadas en la pantalla tal y como quisieran haber sido y comportado, y reconstruyen los recuerdos del pasado según los arquetipos heroicos o los comportamientos solidarios y morales que la pantalla presenta como usuales en las épocas en las que vivieron. Cuanto más conflictivos son los hechos que sucedieron y se exponen en las películas, mayor fuerza el reajuste con el pasado que los individuos tienen que hacer eliminando de su memoria comportamientos inadmisibles. En este proceso el cine actúa decisivamente mostrando una visión edulcorada y aceptable de los hechos más dolorosos del pasado social con los que identificarse.

El cine de esta manera ayuda a manipular las biografías construyendo un pasado aceptable en el que las tensiones desaparecen y los individuos pueden identificarse con el modelo que les ofrece la pantalla. El cine reconstruye el pasado de una sociedad para reconciliarla con sus aspectos más inaceptables y contribuir a una falsa unanimidad. Así fue como ocurrió, como pasa en la pantalla: soldados heroicos, emocionadas despedidas, dignidad de los gobernantes en las victorias o las derrotas. Los matices desaparecen para mostrar una sociedad unida y digna en la guerra, en las crisis nacionales, delante de las bifurcaciones históricas. Las personas reconstruyen su pasado para hacerlo encajar con la versión edulcorada de la pantalla: ellos fueron tan patriotas y decididos como los que muestra la pantalla. Ese pasado aceptable posibilita un presente social en paz. El cine ha tenido un papel fundamental en el momento de cerrar las heridas de una sociedad con su capacidad de construcción de la memoria individual y colectiva. El cine que trataba de poner en duda ese acuerdo social sobre lo que pasó forjado por las imágenes, resulta incómodo y acaba siendo marginado. La sociedad francesa, por ejemplo, se altera cuando se le recuerda la espantosa carnicería que fue la Gran Guerra en La vida y nada más (La vie et rien d'autre, Bertrand Tavernier 1989) pero todavía más cuando se pone en duda el papel de su patriotismo y de la resistencia a la ocupación alemana en el film Lacombe Lucien, (Louis Malle 1973).

La memoria social del siglo XX ha estado creada más que por el pasado recordado, por el pasado manufacturado con las imágenes de los documentales, de la televisión y de las películas. Quizás el ejemplo más poderoso de esa reconstrucción del pasado sea el de los conflictos bélicos. La guerra, escribía el periodista americano Larry Beinhart, para el americano medio es John Wayne. Se busca poner en pie "recreaciones épicas que reemplazan la 'realidad' con la 'realidad filmada'". La mitología creada es muy poderosa y se convierte en un verdadero patrimonio al que recurrir en momentos de crisis igual que las sociedades del pasado recurrieron a los cantares de gesta. Reciclar los grandes momentos del pasado en superproducciones cinematográficas para contrarrestar y evitar la crítica de los momentos presentes es una estrategia de la que hemos ya hablado con la propaganda nazi y que sigue siendo utilizada en la actualidad[8]. El cine ruso revindica la victoria sobre el nazismo como justificación del propio estado ruso, su hecho capital. Las grandes películas bélicas propiciadas por el régimen de Putin — entre las que destaca la interesante White Tiger (Karén Shakhnazarov 2012)— buscan subrayar este hecho como el justificativo de la superioridad de la nación rusa.

En realidad, estamos asistiendo a un nuevo tipo de memoria colectiva en la que la imagen ha erosionado los límites entre pasado y presente. El pasado narrado y codificado en imágenes puede invadir el presente como "representación real" de los sucesos históricos indistinguible de las imágenes de la realidad actual construida por los medios de comunicación. Para algunos autores la narración cinematográfica produce alteraciones ontológicas en la forma como el tiempo es entendido en nuestra sociedad. De alguna manera, la imagen hace que la separación entre pasado y presente deje de estar clara[9].

8   El uso del cine en el aula

El cine es un texto y como tal debe ser tratado en el aula. El texto fílmico abre una oportunidad a las humanidades, presionadas por el auge de la imagen y por el inmovilismo que las aferra por tradición cultural al texto literario. La apertura de las Humanidades a los nuevos géneros audiovisuales es una condición casi inevitable para frenar su declive evitando que sean vistas como una cosa del pasado. Ya no tiene sentido quejarse del predominio de la imagen en nuestra sociedad, señalar la presión de los media como una muestra de barbarie. Todos los cambios tecnológicos han provocado la misma reacción de rechazo y se han augurado los mismos cataclismos; de hecho, la posición de cerrar filas contra las novedades como contaminadoras de la esencia de las humanidades viene de lejos porque ya se utilizó contra la imprenta que se veía como la ruina de la oratoria y del arte de la memoria al supeditar la habilidad en el dominio del lenguaje exclusivamente al texto escrito.

Con esta apertura al texto fílmico no pretendemos la desaparición del texto literario, de la cultura del libro, algo que sería un disparate. Las habilidades mentales asociadas a la lectura creemos que son las más importantes que pueden adquirirse en la educación. Sin ellas se debilita el sentido crítico y su ausencia impide el análisis de la información en cualquier formato que esta se presente. Captar el mensaje, diferenciar los argumentos, sintetizar el contenido, imaginar finales de una historia, separar lo importante de lo secundario, criticar el tono o la falta de tensión narrativa, apreciar qué atrae nuestra atención y qué provoca nuestro rechazo son habilidades que se adquieren fundamentalmente por el contacto con la narración literaria pero que se extienden y refuerzan en el análisis del mundo de la imagen: del texto escrito al texto fílmico y viceversa. Causalmente pensamos que el texto escrito debe ser el primero en el que el alumnado se instruya y domine, pero no es posible que ese dominio lo sea en exclusiva: las habilidades adquiridas en la lectura, la redacción y la argumentación deben ser utilizadas cuanto antes con la imagen y en ese intercambio se verán reforzadas. El cine no debe ser territorio vedado o reservado a das días especiales sin repercusión académica, fuera del proceso del aprendizaje. La ficción audiovisual, el cine, debe formar parte del currículum y de la actividad de la clase, debe ser objeto de evaluación, en definitiva, ha de acompañar de la mano a los contenidos tradicionales de las humanidades.

Hemos definido a la imagen cinematográfica como texto. La imagen es engañosamente sencilla, pero admite sucesivas lecturas cada vez más profundas. La carga de la interpretación del film parece desplazarse al espectador y sería tras su lectura cuando existiría como texto. Habría, por tanto, que distinguir entre espacio textual —la película como objeto estructurado bajo una organización lógica— y el texto o resultado del esfuerzo del espectador por entender y apropiarse del film. Son los límites impuestos por el espacio textual los que impiden cualquier sobreinterpretación del texto fílmico reduciendo el riesgo de la arbitrariedad o como la llamaba Eco decodificación aberrante:

El riesgo de la arbitrariedad a que puede conducir el comentario puede salvarse si aceptamos que el espacio donde ese comentario se desarrolla está, si no todo, si cuando menos acotado, Los límites de la producción de texto vienen impuestos por el espacio textual[10]

Por más que la interpretación sea potencialmente ilimitada, no todo acto de interpretación tiene que tener necesariamente un final feliz. No todo vale. Como regla general podemos aceptar una especie de navaja de Occam según la cual si no hay reglas que permitan averiguar qué interpretaciones son las mejores, existe al menos una regla para averiguar cuáles son las malas (decodificación aberrante).

Es la creatividad del profesorado en la selección de películas que tengan un espacio textual acotado que se ajuste a sus propósitos didácticos el punto inicial del trabajo en el aula de la ficción cinematográfica como un texto factible de análisis semejantes al texto literario. Esta búsqueda ya no se limita a los filmes que traten específicamente temas literarios o históricos canónicos, como las adaptaciones de novelas o la representación de batallas, permite ampliar el foco y atreverse con el uso de películas igual o más atractivas para el alumnado, que exploran puntos de vista diferentes sus temas, que se alejan de la literalidad pero que admiten una interpretación profunda de un periodo histórico o de la obra de un autor. Podemos pensar del film como un modelo, es decir, una estructura que tiene la misma forma lógica — en el sentido que le dio Wittgenstein— que el tema que estamos tratando. Así sus elementos mantienen unas relaciones semejantes a la estructura de conceptos del autor filosófico, del escritor, del periodo histórico o de la teoría que queremos interpretar sobre la película. No vale con que aparezca uno, debe reproducirse la red conceptual que queremos ejemplificar con la película. De manera que lo que sucede en la película refleja la estructura teórica del área que estamos trabajando en el aula. Pero con la enorme ventaja que en el film esos conceptos que queremos que el alumnado entienda y alcance gracias a su lectura de la película tienen la fuerza que les da los personajes de carne y hueso, las emociones, el ritmo, la intensidad que puede conseguir el cine y la enorme brillantez de la imagen cinematográfica.

9   Los sistemas filosóficos en la pantalla

Ha habido ensayos excelentes desde la filosofía sobre el cine entre los que destacamos el ensayo de Eugenio Trias Lo bello y lo siniestro, en que se utiliza los resortes del género de terror[11], para delimitar ambas categorías estéticas y que continuaría en el ensayo sobre una de las películas más emblemáticas de la historia del cine en Vértigo y pasión. Un ensayo sobre la película Vértigo de Alfred Hitchcock[12].

Pero nuestra preocupación es el uso didáctico del cine, cómo explicar la filosofía usando el cine de ficción[13]. En el área de la Filosofía este modo de actuar ha funcionado correctamente. La lista de películas utilizadas para la explicación filosófica evita la literalidad de los argumentos ad hoc en el que las películas son un mero cromo, una simple ilustración, un biopic de tal o cual filósofo. Se trata de introducir películas de ficción de éxito y calidad en las que el profesor es capaz de mostrar en acción en la pantalla los conceptos explicados en el aula. De las materias troncales de la Filosofía citaremos cuatro ejemplos utilizados por el grupo de didáctica de la Filosofía Embolic para introducir la Antropología (En busca del fuego, de Jean Jacques Annaud), la Etnología (El cielo protector, de Bernardo Bertolucci), la Epistemología (La caja de música, de Costantin Costa-Gavras) y la Ética (Delitos y faltas, de Woody Allen). Esta forma de utilizar el cine de ficción para mostrar un entramado filosófico que subyace a las imágenes o que permite examinar las imágenes para analizarlas con un entramado filosófico en el que encajan, ha tenido continuación en otros autores que han preferido utilizar las series o películas más populares posibles, una forma de extender el análisis filosófico a un público general con el gancho de la popularidad de las imágenes analizadas. Es el caso de Los Simpson y la filosofía[14], pero También Harry Potter, Matrix, etc[15] y la filosofía.

La Historia de la Filosofía es el área más compleja pero también la que ofrece la posibilidad de ver todo un entramado conceptual de un filósofo reflejarse con la suficiente profundidad y con un importante número de sus conexiones en la pantalla. Así, utilizando La rosa púrpura de El Cairo de Woody Allen apreciamos la misma disyuntiva ontológica del platonismo entre original y copia, esencia y apariencia, mundo de las ideas ajeno al cambio y mundo físico sometido al cambio y la degradación. Citaremos las películas que componen una verdadera Historia de la Filosofía a través del cine: Del mito al Logos (Ulises de Mario Camerini), Platón (La rosa púrpura del Cairo de Woody Allen), Aristóteles (Elling de de Petter Naess), Agustín de Hipona (El sur de Víctor Erice) Occam (El nombre de la rosa, de Jean Jacques Annaud), Maquiavelo (El hombre que pudo reinar de John Huston), Galileo (Galileo Galilei, de Liliana Cavani), Descartes (Johny cogió su fusil, de Dalton Trumbo), Hume (El Dr. Jeckyll y Mr. Hyde, de Robert Mamoulian), Rousseau (Las amistades peligrosas, de Stephen Frears), Kant (El dilema de Robert

Redford), Hegel (El sirviente de Joseph Losey), Marx (La huella, de Joseph Leo Mankiewicz), Nietzsche (Apocalypse Now, de Francis Ford Coppola) y Freud (Marnie, la ladrona, de Alfred Hitchcock), Wittgenstein (Sopa de Ganso de Leo McCarey) Foucault (Amelie, Jean-Pierre Jeunet)[16].

Como ejemplo, citamos un fragmento de Sopa de Ganso en el que se expone dentro de la filosofía del lenguaje ordinario de Wittgenstein el concepto de comprensión como clave para utilizar un juego de lenguaje:

> Para Wittgenstein no basta para garantizar la comprensión de un juego de lenguaje que el sujeto diga que lo tiene claro o que lo ha entendido o cualquier frase semejante. La prueba indudable de la comprensión está en la capacidad de seguir el juego, de continuar la serie de proposiciones que está en marcha correctamente. El Presidente Rufus podría en la película aparecer como un personaje al que se entiende lo que dice, pero no se le comprende, jugador solipsista de su propio humor. Chicolini, sin embargo, comprende y es capaz de seguir correctamente las reglas más disparatadas del humor de Rufus (y lo mismo hace Pinky a su manera) […]

Hay varias escenas en que Rufus obtiene de Chicolini una réplica tal que le convence de su comprensión. Una, la que harto de oír a Chicolini bajo su ventana vociferando como vendedor de cacahuetes, le invita a subir a su despacho y acaba ofreciéndole la Secretaria de Guerra. Otra es la escena del juicio de Chicolini en la que Rufus, que debería ser su implacable perseguidor, acaba defendiéndole.

En la primera de las escenas citadas, Rufus propone a Chicolini un acertijo para confundirle y Chicolini vuelve en su contra el acertijo planteándole a su vez uno nuevo y acaba haciendo que Rufus se vea acogotado buscando la solución al enigma.

> Firefly: Bien, escucha. Tengo un cargo para ti, pero primero debo hacerte un par de preguntas importantes. ¿Qué es lo que tiene 4 pantalones, vive en Filadelfia y nunca llueve sino diluvia? (Now, what is it that has four pair of pants, lives in Philadelphia and it never rains it pours?)
> Chicolini: Esa es Buena. Te doy tres oportunidades
> Firefly: Vamos a ver. Cuatro pantalones, vive en Filadelfia. ¿Es masculino o femenino?
> Chicolini: No, no lo creo
> Firefly: ¿Está muerto?
> Chicolini: ¿Quién?
> Firefly: No lo sé. Me rindo.
> Chicolini: Yo también me rindo.

Chicolini: Te diré otro acertijo. ¿Quién tiene un gran bigote negro, fuma un gran cigarro negro y le sienta como cien patadas?

Firefly: No me lo digas. Tiene un gran bigote negro, fuma un gran cigarro negro y le sienta como cien patadas.

Firefly:¿Lleva gafas?

Chicolini: Sí, así es. Lo has adivinado.

Firefly: Sólo por eso no te daré el cargo que iba a darte.

Chicolini: ¿Qué cargo?

Firefly: Secretario de Guerra

Chicolini: Lo acepto

Firefly: Es tuyo (Sold!)[17]."

10 Utilizar los arquetipos culturales: la Literatura

La relación entre el cine y la literatura es compleja con dependencias e influencias mutuas. La literatura actual no puede hacerse al margen del ritmo narrativo cinematográfico que ha modificado sus estructuras narrativas al intentar seguir esa velocidad y capacidad de síntesis de las historias contadas en la pantalla. Además, por la fuerza de la imagen, en la literatura contemporánea hay una decadencia de la descripción, comparándola con la literatura decimonónica que utilizó una minuciosidad descriptiva de los ambientes y personajes. La imagen, presente en la memoria del lector, es suficiente para que al ser invocada no haya necesidad de describir el interior de un avión o las características de una playa paradisíaca. Esa presencia de un universo de imágenes acumuladas en la memoria del lector acota su imaginación perdiéndose una parte de la fuerza evocadora de la palabra.

Las adaptaciones cinematográficas de novelas presentan también dificultades. La importancia literaria de la novela no garantiza el resultado cinematográfico positivo. De entre los primeros textos literarios adaptados están Viaje a la Luna (de la novela de Verne adaptada por Mièlés 1920) y Nosferatu (de la novela Drácula de Stocker por Murnau 1922), películas con las que se buscaba atraer a los espectadores con la fama literaria de unas novelas que la mayoría del público popular del cinematógrafo no había leído. El cine les proporcionaba la satisfacción de conocer la obra como si lo hubieran hecho, disfrutar de un prestigio cultural para irritación del público culto que se apresuraba a marcar las diferencias entre novela y adaptación. Una dialéctica que se ha mantenido invariable desde las primeras adaptaciones literarias. Fidelidad o creación era el dilema que surgía ante las adaptaciones cinematográficas, dilema reforzado por la escritura de los propios guiones. Los guiones, cada vez más complejos al ser los diálogos esenciales con la incorporación del sonido, estaban redactados por escritores a sueldo de los estudios y su confección acaba transformándose en una forma de hacer literatura. Los guionistas recortaban, modificaban, hacían insertos dramáticos, alteraban personajes, cambiaban finales, todo para introducir la novela en los patrones que exigía su conversión en película sin destruir la semejanza entre novela y película que era el incentivo que llevaba al espectador al cine[18]. Son tantas las modificaciones por el impulso creativo del guionista para llevar la novela al campo del cine que la palabra adaptación, que presupone la superioridad del texto literario como modelo a copiar, debería ser sustituida por la de "traducción": el cineasta traduce la linea argumental de la novela a un "medio artístico diferente del original, ni más ni menos adecuado que la novela, sino simplemente diferente"[19].

Estos problemas de la adaptación se reproducen en el aula cuando se pasan películas basadas en clásicos de la literatura. Si no se ha leído previamente la novela, las posibilidades de reflexión en cómo cuenta la historia el cine y las diferencias entre las formas de narración desaparece. Como espectador el alumno/a cree que ha atrapado en la película también a la novela, en una especie de dos por uno que el profesorado conoce cuando en un informe de lectura sobre una novela clásica descubre que el alumnado se ha limitado a copiar el argumento extraído de la adaptación cinematográfica.

Hay otro modo más interesante a nuestro parecer de conectar literatura y cine que la adaptación cinematográfica. Cuando se analizan los elementos narrativos del cine, se descubre que una buena parte de ellos corresponden a arquetipos procedentes de la literatura e incluso de la tradición oral. Son argumentos pertenecientes a una larga tradición cultural que han sobrevivido bajo los nuevos ropajes suministrados por la pantalla cinematográfica y que forman la estructura subyacente de los géneros y subgéneros cinematográficos.

La segunda línea es examinar la continuidad de personajes que se han reproducido, que han mantenido una continuidad y persistencia hasta convertirse en arquetípicos. Bajo la máscara de algunos personajes —como, por ejemplo, el Dr. Jeckyll y Mr.Hide, Frankenstein, Drácula, etc.— se ocultan modelos humanos arquetípicos en ocasiones tan viejos como la humanidad, símbolos de dudas, tormentos y actitudes vitales que se repiten en la cultura occidental. Sobreviven bajo estas "máscaras de la ficción" como las define Román Gubern.

Tomemos el caso del viaje de regreso a casa y las dificultades que hay que superar para volver, un argumento arquetípico desde que La Odisea lo instauró en el imaginario cultural. Hay muchas adaptaciones de la obra de Homero, pero hay muchas obras que siguen el esquema de ese viaje arquetípico repetido en épocas y circunstancias totalmente diferentes. Descubrir como esa narración inmortal está presente en novelas, pero también en películas, ejercer ese análisis de detección de esa estructura es enriquecedor. Cuanto más clásica es la narración cinematográfica más diáfanas son estas estructuras y esto hace al género del western y a los directores como John Ford y John Huston candidatos ideales.

> Toda la segunda parte de La Odisea —la venganza contra los pretendientes— es perfectamente detectable como la base argumental de films que explican la vuelta del guerrero a la casa amenazada y plantean un enfrentamiento a muerto contra los detentadores del nuevo orden. En el Western clásico este personaje, aun con los rasgos de la juventud, ya había quedado apuntado en la figura de Ringo —encarnado por John Wayne— en la La Diligencia (Stagecoach, Ford 1939) que viaja por el desierto con tal de cumplir una venganza familiar antes de descansar... Pero quedará expresada en la forma más excelsa en Etham, encarnado por el mismo John Wayne, en Centauros del desierto (The Searches, Ford 1956)[20]

La inteligencia y astucia de Ulises se reflejan con intensidad en Misión de audaces (The Horse Soldiers, 1959), donde el coronel Marlowe solventa todos los problemas para regresar a su base atravesando territorio enemigo con una combinación de astucia y coraje. Prefiere no luchar y esquivar las complicaciones que supondría el modelo heroico de enfrentarse al enemigo en todas partes. Como Ulises, rechaza el uso de la fuerza bruta y prefiere ser sagaz para regresar con el mayor número posible de hombres vivos.

El examen de los caracteres arquetípicos es otra vía de unión de literatura y cine. El cine ha popularizado personajes surgidos en la literatura y que, de alguna manera, sintetizan problemas existenciales de la humanidad: la dualidad de los seres humanos, el miedo a la ciencia, el deseo de la inmortalidad, etc. Esas "máscaras de la ficción", transportan esa carga metafísica que los hace mantener su interés y fuerza a lo largo del tiempo. Un ejemplo sería El extraño caso del doctor Jeckyll y Mr. Hyde (Strange Case of Doctor Jekyll and Mr. Hyde, 1886) llevado al cine en más de sesenta ocasiones — destacando la dirigida por Rouben Mamoulian en 1932 y la interesante por su dualidad sexual El Dr. Jeckyll y su hermana Hyde (Dr. Jekyll and Sister Hyde, Roy Ward Baker 1971)—. El caso del doctor Jeckyll es una ácida reflexión sobre la represión moral y la imposibilidad de aceptar los propios deseos en contra de la opinión social. El Dr. Jeckyll, bondadoso y competente médico, quiere vivir sin remordimientos, vivir intensamente la vida satisfaciendo unos deseos que le hacen sentirse desgraciado y culpable. La solución es mediante una droga transformarse en Hyde, un ser que satisfaga las pulsiones de Jeckyll sin que aquél sea responsable. Jeckyll comparte memoria con su otra personalidad, recuerda con placer como respetable Dr. Jeckyll sus aventuras como Hyde. Pronto pierde el control de Hyde que, violento y sin control, se transforma en un sádico y un agresor. Adicto a la droga que lo transforma en Hyde, la lucha por imponerse la personalidad perversa de Hyde acaba por arrastrar a la muerte al débil Jeckyll que acabará suicidándose al no poder controlar la transformación. El lector descubrirá por la autoconfesión de Jeckyll leída por su mentor moral, el abogado Utterson, que las dos personas son una, las caras de una dualidad moral y física. Las sucesivas versiones que dio el cine de la historia irían diluyendo el dilema moral y exacerbando la violencia de Hyde y su desagradable aspecto físico que en la novela era someramente descrito. El esquema de la doble personalidad acabaría siendo el ingrediente imprescindible de las películas de psicópatas y asesinos seriales en las que ya no se produce ningún cambio físico, simplemente una persona aparentemente normal oculta un monstruo.

El Dr. Jeckyll sería uno de los personajes que han sido creados en torno a la otredad, "el mismo sujeto visto desde el ángulo de una otredad inhabitual", una lista en la que estaría el hombre invisible, el Dr. Caligari, el Zorro, el Hombre enmascarado y Supermán. En todos los casos la personalidad oculta, ya sea malvada o justiciera, es una muestra de la dualidad humana que se prolonga hasta el mito de los dos gemelos presentes en las antiguas mitologías como la egipcia con los gemelos enemigos y opuestos Osiris y Set representantes del bien y el mal[21].

En Literatura hay una última sugerencia respecto a la publicidad. La publicidad representa la máxima síntesis de una historia en el mundo de la imagen. Es un ejercicio interesante desarrollar literariamente la historia, explicar la narración que en un corto de dos o tres minutos explica la historia de un amor asociada a un perfume o las fases de la vida de una persona a la que le gusta comer determinado producto.

La publicidad ofrece también localizar en imagen los tropos literarios más importantes y utilizadas en el lenguaje publicitario: la metáfora, la metonimia, la hipérbole y la ironía y compararlas con el tropo en un texto.

11 Cine e Historia: repensar el pasado

Basta el hecho de reproducir el pasado y los acontecimientos históricos para que el cine resulta un medio importante para la explicación de la Historia. La reconstrucción de un mundo que ha desaparecido bastaría para recomendar su visión que estaría regida por el concepto de fidelidad a los hechos con las mismas salvedades que ya han sido expuestas con las adaptaciones literarias. Es en la deformación de la realidad histórica por su supeditación a la propaganda o por los intentos de reconstrucción de la memoria social donde estarían sus principales inconvenientes para su utilización. Ya hemos tratado de como los regímenes políticos autoritarios basan su justificación en un pasado mítico que el cine ayuda a construir, de cómo cuentan la historia proyectando sobre ella sus intereses actuales o la falsean con una mezcla de heroísmo propio distorsionado y la cosificación de sus malvados enemigos. También como los hechos sociales conflictivos del pasado son narrados esquemáticamente y edulcorados para zanjar la división social que produjeron. A todos estos inconvenientes habría que añadir en el cine histórico el subgénero del peplum, de la historia tratada como un mero divertimiento de romanos musculosos, espadachines bravucones y marquesas con lujosos vestidos.

Hay varias recopilaciones de películas fieles en diversos libros sobre el cine histórico como 100 Películas sobre Historia Contemporánea[22]. A nosotros nos gustaría añadir una nueva dimensión al cine histórico que llamaríamos cine de evolución social. Las películas son resultado de su tiempo y nos permiten comparar el estado de una misma sociedad en dos momentos históricos y ver qué proceso evolutivo ha experimentado. Bajo esta perspectiva todas las películas del cine español hablan de historia, incluso las que podríamos considerar más deleznables asociadas a fenómenos como el landismo (por su intérprete el actor Alfredo Landa) dan ocasión a la comparación entre sociedades separadas, en ocasiones por un tiempo corto, pero con cambios sociales sustanciales. Sin pretensión de agotar los posibles temas señalamos algunas películas significativas: la marginación de la mujer del trabajo (Sólo para hombres, Fernando Fernán-Gómez 1960), la emigración desordenada del campo a la ciudad (Surcos, José Antonio Nieves-Conde

1951), la vida asfixiante de una ciudad provinciana bajo el franquismo (Calle mayor, Juan Antonio Bardem 1956), la vida en los barrios periféricos de las grandes ciudades (¿Qué he hecho yo para merecer esto?, Pedro Almodovar 1984), el machismo desaforado (No desearás al vecino del quinto, Ramón Fernández 1970), la ambigüedad ideológica en la transición (Tigres de papel, Fernando Colomo 1977), el turismo como fenómeno de masas (¡Vivan los novios!, Berlanga 1970), el impacto de la emigración (Flores de otro mundo, Icíar Bollaín 1999), la mujer como cuidadora y víctima (Solas, Benito Zambrano 1999).

---

[1] American Psychiatric Association 1999, p.174.

[2] Stanley Cavell, *Pursuits of Happiness. The Hollywood Comedy of Remarriage,* Harvard University Press, 1981.

[3] Cavell, Stanley; *Cities of Words. Pedagogical Letters on a Register of the Moral Life*, The Belknap Press of Harvard University Press, London 2004, p 155.

[4] Ferrer,A; Garcia-Raffi, X.; Lerma,B.; Polo,C.; *Locuras de Cine*, Gráficas Colomar, Valencia 1998.

[5] Segarra, Toni; "El Fracaso de la propaganda", *La Vanguardia*, 8/10/2025.

[6] Talens, Jenaro; Zunzunegui, Santos (Cord.); *Historia general del cine*, Cátedra, Madrid, 1997, vol.IV, p.258.

[7] Paret, Peter; "Kolberg (Germany, 1945): As Historical Film and Historical Document" en Whiteclay, John; *World War II. Films and History*, Oxford Univ. Press, Oxford 1996, cap.III.

[8] Boggs, Carl; Pollard, Tom ; "Recycling the Good War" en *The Hollywood War Machine. U.S. Militarisme and Popular Culture,* Paradigm Publishers, London 2006, cap.IV.

[9] Williams, David; *Media, Memory and the First World War,* McGill-Queen's University Press, London 2009, McGill-Queen's Studies in the History of Ideas, p.8.

[10] Carmona, Ramón; *Cómo se comenta un texto fílmico*, Cátedra, Madrid 2024, 11ª ed., pp.67-8.

[11] Trias, Eugenio; *Lo bello y lo siniestro*, Ariel, Barcelona 2006.

[12] Trías, Eugenio; V*értigo y pasión. Un ensayo sobre la película Vértigo de Alfred Hitchcock,* Taurus, Madrid 1998.

[13] Grup Embolic; *Com ensenyar filosofia amb l'ajut del cinema,* Premi Maria Ivars a la Renovació Pedagògica, La Magrana, Barcelona 1994.

[14] Irwin, William; Cornard, Mark T.;Skoble, J.; *The Simpsons and Philosophy,* Open Court, Chicago and La Salle, Illinois 2001.

[15] Baggett, David; Klein, Shawn E. (Eds); *Harry Potter and Philosophy. If Aristotle Ran Hogwarts,* Open Court, Chicago and La Salle, Illinois 2004.

Irwin, William (Ed.) *Matrix and Philosophy. Welcome to the Deset of Real, Open Court, Chicago and La Salle, Illinois 2002.*

En la colección hay más títulos sobre Hitchcock y la metafísica, etc. El mismo esquema se ha aplicado a áreas más distantes como los Evangelios en los que hay una colección de *The Gospel*

According to the Simpsons, trasformándose la serie de los Simpson en la referencia cultural más importante del público americano en la mayoría de los temas.

[16] Anacleto Ferrer, Xavier García-Raffi, Francesc J. Hernández, Bernardo Lerma; *Primun videre, deinde philosophari. Una Historia de la Filosofía a través del cine, Institució Alfons el Magnnim, València 2006.*

[17] Op.cit.pp 247-8.

[18] Una definición de adaptación en Sánchez Noriega; *De la literatura al cine: teoría y análisis de la adaptación*, Paidós, Barcelona 2000.

[19] Cuellar Alejandro, Carlos A.; *Cine y literatura: Drácula como paradigma, Universidad Politécnica de Valencia 1998, p.16,*

[20] Balló, Jordi; Pérez, Xavier; *La Llavor inmortal. Els arguments universals en el cinema*, Empúries, Barcelona 1995, pp.36-37. Este libro es modélico y seminal en esta área.

[21] Gubern, Román; "La dualidad del ser" en *Máscaras de la ficción*. Anagrama, Barcelona 2002, , cap. X, pp.244-94. La afirmación anterior también se aplica a este libro.

[22] Caparrós Lera, José María; *100 Películas sobre Historia Contemporánea,* Alianza Editorial, Madrid 1997.

HABLAR PARA APRENDER.

LA IMPORTANCIA DE LA INTERACCIÓN EN LAS AULAS

Carmen Rodríguez-Gonzalo

Departament: Didàctica de la Llengua i la Literatura

Universitat de València-GIEL

1 Introducción

La perspectiva sociocultural, de base vigotskiana, entiende los procesos de enseñanza y aprendizaje en aula, como una tarea colaborativa entre docentes y alumnado, en la que la interacción verbal se convierte en un elemento indispensable, no como una técnica, sino como un verdadero motor del aprendizaje y, en última instancia, como la base del desarrollo social y cognitivo de las personas. El lenguaje verbal se entiende como un instrumento mediador que convive con otros, como los sistemas de numeración, los mapas, las imágenes y todo tipo de símbolos convencionales (Lemke, 1995; Smagorinsky, 2023; Vygotsky, 1995). Desde los estudios del lenguaje, esta perspectiva confluye con los planteamientos funcionales, que se centran en los usos sociales de las lenguas, en las relaciones entre los textos hablados y escritos y en las situaciones en que estos se crean e interpretan (Halliday, 1982; Wells, 2001).

En este trabajo reflexionamos sobre el papel central de la lengua oral en el proceso de enseñanza-aprendizaje y sobre la importancia de promover un modelo educativo dialógico en el aula. Partiendo de la idea de que aprendemos hablando con otros, subrayamos la relevancia de la interacción entre iguales y con el docente como espacio de construcción compartida del conocimiento.

Abordaremos en primer lugar la concepción del aula como sistema didáctico y como escenario social de aprendizaje, con dos patrones de interacción, el organizativo o de interacción social y el temático o de construcción de conocimiento. Señalaremos las funciones de la lengua oral en relación con estos dos patrones y nos centraremos en las distintas formas de interacción que se producen en ellas: desde los intercambios triádicos hasta las formas de interacción del alumnado en tareas de aprendizaje colaborativo: el *habla disputativa*, el *habla acumulativa* y el *habla exploratoria* (Edwards & Mercer, 1987; Mercer, 2001, 2010). Solo esta última muestra que los participantes se implican crítica y constructivamente con las ideas de otros, por lo que se convierte en una ayuda para la autorregulación del proceso de aprendizaje. Finalmente, incidiremos en la importancia de la acción docente para ayudar al alumnado a hablar con los otros para aprender (Fontich, 2011).

2   El aula, sistema didáctico y escenario social de aprendizaje

El aula es un escenario social específico, en el que se desarrolla buena parte de la actividad educativa, entendida como actividad deliberada dirigida a ayudar a los aprendices a desarrollar comprensión y habilidades (Ball y Forzani, 2007 en Ruiz y Camps, 2009). Por ello, se concibe como un sistema didáctico (v. figura 1) en el que confluyen e interaccionan tres elementos: docente, alumnado y el objeto de enseñanza, sometido a transposición didáctica (Bronckart & Plazaola, 2000; Canelas-Trevisi, 2009; Chevallard, 1991). La concepción del aula como sistema didáctico sustituye la relación dual enseñante/enseñado ya que, en el sistema didáctico, los agentes (docente y alumnado), a partir de sus conocimientos, representaciones del mundo y finalidades propias, interactúan con una función específica, el aprendizaje, en un ajuste dialéctico que se desarrolla en la llamada zona de desarrollo próximo (Vygotsky, 1995; Wells, 2001). El docente, desde la dimensión psico-socioinstitucional ha de abordar la problemática de la intervención didáctica, mientras que el alumno, desde la dimensión psico-sociocognitiva, ha de abordar la de la apropiación de los saberes. El tratamiento del objeto de aprendizaje (dimensión epistemológica), sea cual sea la materia del currículo que se aborde, ha de tener en cuenta la finalidad educativa que se persigue y por ello ha de estar sometido a transposición, es decir pensado y preparado para la intervención en aula. Como resultado de la interacción de los agentes con el objeto de aprendizaje, en el seno de este sistema se produce el contenido didáctico. No hay que olvidar que el sistema didáctico entra en relación con diversos contextos sociales y culturales que inciden en el conjunto y en cada uno de sus componentes: la institución educativa, el contexto social inmediato y el contexto político y económico (Camps, 2012).

Figura 1. El aula como sistema didáctico

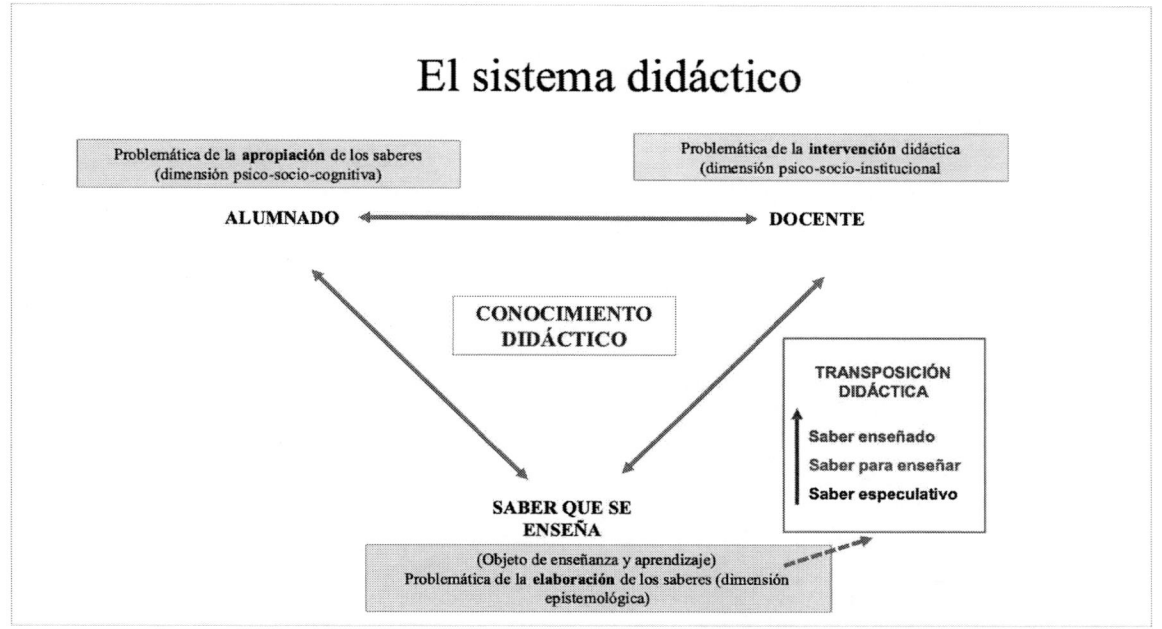

Fuente: Elaboración propia a partir de Chevallard (1991)

Como escenario social, el aula es una construcción humana articulada en torno a dos estructuras de actividad o patrones (Edwards y Mercer, 1987; Lemke 1997): la estructura de participación o estructura social y la estructura del contenido o estructura académica.

La estructura de participación, también llamada patrón organizativo o de interacción social, se refiere a lo que se espera que hagan el profesor y el alumnado, a sus derechos y obligaciones en el transcurso de las actividades. Se concreta mediante diferentes estrategias, según los casos (monólogo del profesor, diálogo triádico, interacción entre alumnado…), que suponen formas diferentes de plantear la interacción verbal en el aula.

Veamos un ejemplo, en una clase planteada en torno a una actividad cooperativa desarrollada en pequeños grupos (v. figura 2).

Figura 2. Estructura de interacción social o patrón organizativo en una tarea de pequeño grupo

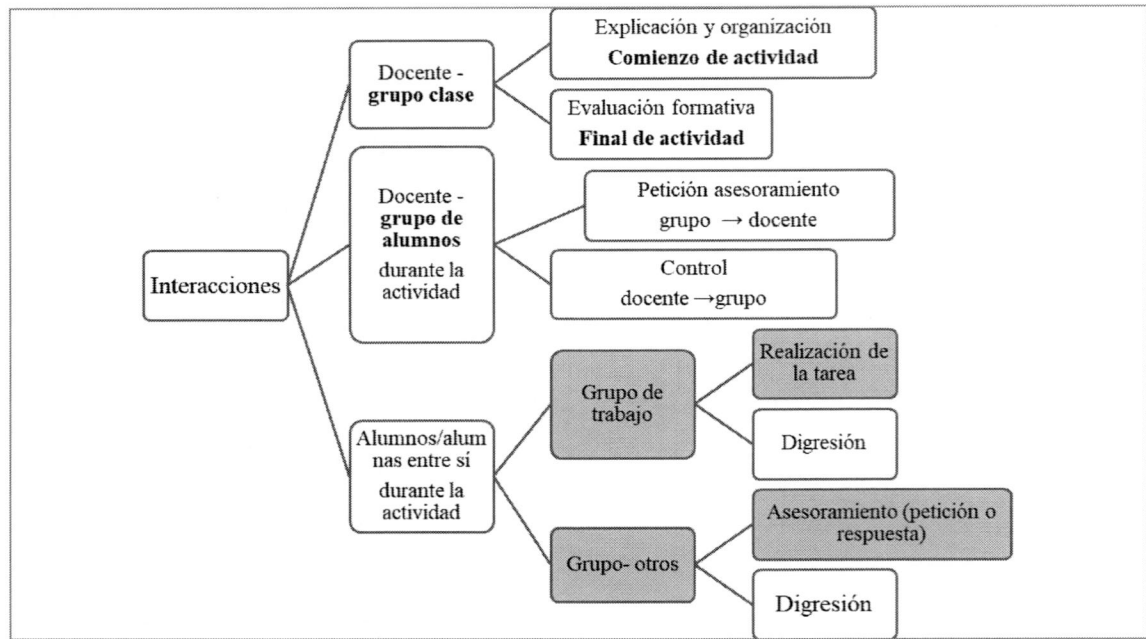

Fuente: elaboración propia a partir de Rodríguez-Gonzalo (2012)

El patrón organizativo o de interacción social de la tarea viene dado por la combinación de tres tipos de interacciones, según los participantes y las funciones que realizan:

a) las interacciones de la docente con el grupo-clase, al principio y al final de la actividad.

b) las interacciones de la docente con los distintos grupos de alumnos/as durante el trabajo.

c) las interacciones de cada grupo durante el trabajo de grupos.

Las interacciones de la docente con el grupo-clase al comienzo sirven para explicar el sentido de la actividad y su modo de realización. En ellas, es la docente la que acapara el mayor tiempo, mientras que las intervenciones del alumnado son peticiones de aclaración. En cambio, las realizadas al final, tras la tarea de trabajo en pequeño grupo, son puestas en común dirigidas por la docente, en las que se revisa el trabajo realizado, y tienen, por tanto, carácter de evaluación formativa, en las que las intervenciones del alumnado como respuesta a las preguntas de la docente sirven para observar logros y dificultades en el aprendizaje realizado.

Las interacciones durante la realización de la tarea forman parte del proceso de trabajo. En las interacciones de la docente con los grupos de alumnos/as, se observan dos grandes finalidades: el asesoramiento y el control. En el primer caso, es el alumnado quien toman la iniciativa porque necesitan aclarar dudas, bien sobre los contenidos de la tarea, bien sobre la gestión de la misma (por ejemplo, si se ha de elaborar un cartel escrito, cuál ha de ser el tamaño de la letra para su mejor visibilidad, escritura con rotulador...). Cuando las interacciones son de control, la iniciativa corresponde a la docente, que desea comprobar que el trabajo está siendo realizado, o que quiere que el grupo preste mayor atención a la tarea.

En las interacciones que cada grupo mantiene entre sí, asistimos fundamentalmente a las interacciones del grupo durante la elaboración de la tarea, lo que implica la selección del contenido, la gestión del mismo a veces en situaciones de escritura en colaboración y la resolución de dudas de comprensión. En ocasiones, el grupo recibe consultas de otros grupos o las realiza. En estas interacciones también observaremos digresiones ajenas a la realización de la actividad.

Por su parte, la estructura del contenido o estructura académica, también llamada patrón temático, se refiere al contenido de la actividad escolar y a su organización. Mediante este patrón temático el alumnado, ha de aprender la forma de hablar de cada materia escolar, lo que supone dominar el uso interconectado de términos particulares y el significado de sus relaciones semánticas. No se trata, por tanto, de una lista de términos técnicos sino del uso de esos términos relacionados unos con otros en una amplia variedad de contextos. Para ello, el alumnado tiene que aprender a hablar, a escribir y a razonar de acuerdo con los géneros y estilos propios de la materia, algunos de los cuales son comunes a todo el aprendizaje escolar. En términos de Lemke (1997), han de aprender a hablar ciencia, es decir, a hablar con el lenguaje de la ciencia o de la materia escolar con la que se esté trabajando. Esto no representa la totalidad del hecho de hacer ciencia, porque también se han de tener en cuenta los recursos de la representación, el movimiento y la acción, pero el dominio de una materia especializada es en gran medida el dominio de sus formas particulares de utilización del lenguaje. Veamos un ejemplo de patrón temático en la figura 3.

Figura 3. Estructura de contenido o patrón temático en una tarea de pequeño grupo

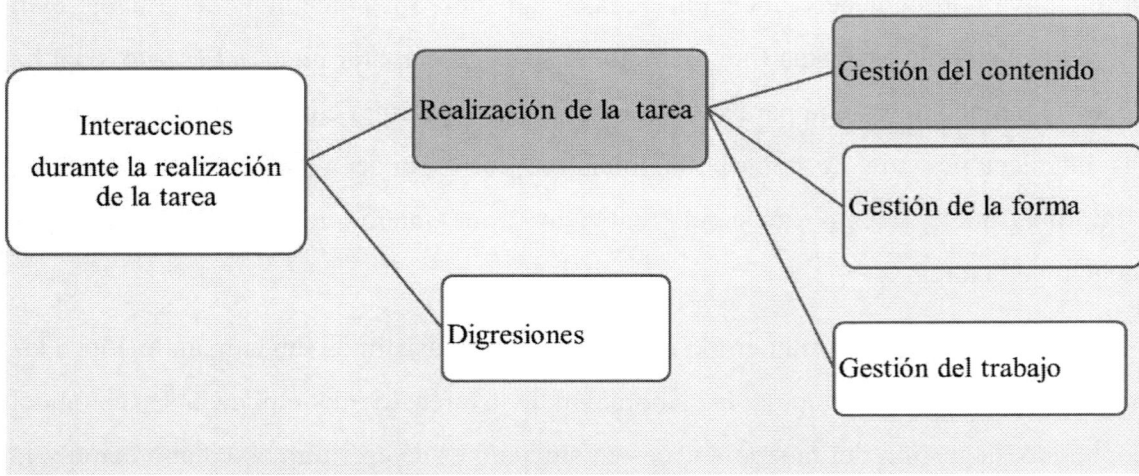

Fuente: elaboración propia a partir de Rodríguez-Gonzalo (2012)

Las interacciones durante la realización de la tarea conforman la estructura de contenido o el patrón temático y son las que aportan datos sobre el aprendizaje del alumnado. En estas interacciones podemos distinguir las interacciones de reflexión sobre los contenidos (gestión del contenido), las dirigidas a la forma de plasmar estas reflexiones, oralmente, por escrito o en textos multimedia (gestión de la forma) y aquellas en que se acuerda cómo se distribuye el trabajo (gestión del trabajo). Entre unas y otras también se observan digresiones, que pueden ser de mayor o menor duración, según la forma de trabajo de cada grupo.

Ambas estructuras, la de interacción social y la del contenido, están relacionadas y su articulación, aunque no siempre es fácil, es necesaria para que se pueda trabajar conjuntamente en torno a los objetivos que propone la enseñanza. Lo destacable es que docente y alumnado, pese a que sus papeles sean asimétricos, construyen conjuntamente ambas estructuras y su articulación (y con ellas el contexto de interacción) a medida que transcurre la actividad.

La clave del análisis de la interacción docente-alumno residirá entonces en comprender cómo se produce esta construcción conjunta y cómo, a través de ella, el docente consigue ayudar en el proceso a sus estudiantes. Hay que tener en cuenta que docente y alumnado aportan los marcos personales de referencia, a partir de los cuales los participantes realizarán una primera aproximación a la estructura social y a la estructura académica de la actividad. Además, están los marcos interpersonales de referencia construidos a través de la acción conjunta y de los intercambios comunicativos entre profesor/a y alumnos/as.

Entre unos y otros encontramos los marcos materiales de referencia, materiales y objetos de diversa naturaleza utilizados en la actividad conjunta. Y en la encrucijada de todos estos elementos, el discurso educacional y su capacidad de mediación semiótica (Edwards & Mercer, 1988).

3 Funciones de la lengua oral en el aula

La lengua oral organiza la vida del aula y cumple en ella diversas funciones: hablar para gestionar la interacción, para adquirir conocimientos académicos y aprender a pensar, para comprender y compartir lecturas, para aprender a escribir y también para aprender a hablar (Vilà & Castellà, 2014). Nos centraremos específicamente en las dos primeras: el habla para gestionar la interacción en el aula, que corresponde al patrón de interacción social y el habla para adquirir conocimientos y aprender a pensar, es decir el habla para aprender, propia de las interacciones del patrón temático.

En primer lugar, el habla para gestionar la interacción conforma una gran parte de los usos cotidianos propios de la escuela y su estilo es muy diferente del habla familiar. Por ello, su dominio supone un objetivo de aprendizaje en sí mismo. Saber hablar en clase requiere adoptar un estilo lingüístico semiformal, que implica respetar los turnos de palabra, escuchar de manera activa y comprensiva, atender a lo que dicen los demás y solucionar conflictos por medio de la palabra, entre otros aspectos.

La gestión de la interacción incluye tanto la organización de la actividad didáctica como la regulación de las relaciones interpersonales. En el primer caso, se habla para dar y aclarar instrucciones, para comentar los pasos de una tarea, para justificar el interés de una actividad y para preguntar y responder. En cuanto al habla que regula las relaciones interpersonales es la que establece normas de funcionamiento, resuelve conflictos, reclama atención o busca acuerdos.

Los estudios clásicos sobre el discurso de aula (Barnes, 1994; Cazden, 1991; Tough, 1996) constataron que el docente acapara la mayor parte del tiempo de habla y controla la interacción (da o quita la palabra). Actualmente, las metodologías que propugnan el aprendizaje cooperativo muestran diversas formas de organización del trabajo que implican intercambios orales entre iguales y con el docente para gestionar la actividad didáctica (actividades en pareja o en pequeños grupos, asambleas de clase, etc.), lo que contribuye a la creación de un clima propicio para el aprendizaje.

La segunda de las funciones señaladas, el habla para adquirir conocimientos y para aprender a pensar, nos sitúa ante el lenguaje como instrumento mediador del pensamiento en la elaboración cognitiva. En los intercambios orales sobre tareas de aprendizaje, en las explicaciones del docente, en los intercambios de preguntas y respuestas significativas es donde se producen procesos complejos de revisión y transformación de las representaciones mentales de los estudiantes sobre el conocimiento didáctico.

Los diálogos para aprender o diálogos pedagógicos son sustancialmente distintos de los centrados en la interacción social. El docente comparte con el alumnado las ideas y las palabras en una progresiva construcción compartida del discurso. Se habla y se escucha de una manera reflexiva para entender el contenido sobre el que se trabaja, en un acercamiento progresivo a la comprensión del mundo. Los intentos por poner palabras para expresar una idea compleja ayudan a comprenderla, a reelaborarla y a incorporarla a la propia memoria, es decir, a incorporarla de manera estable en los propios esquemas cognitivos. Son intercambios que permiten detectar los conocimientos de los que parten los alumnos, también sus errores y confusiones, lo que ofrece pistas para saber qué ayudas se han de ofrecer para facilitar el aprendizaje. Son usos de la lengua oral más complejos cognitivamente que los de gestión del aula y por tanto requieren de ayuda por parte del docente. Hemos de tener en cuenta que por el simple hecho de "dejar hablar" a los alumnos no se produce el aprendizaje. El alumnado solo puede desarrollar seguridad en el uso de nuevos discursos mediante su utilización.

4　La interacción verbal en las aulas y el aprendizaje

Desde las aproximaciones socioculturales a la educación, el lenguaje en las aulas se considera como un medio indispensable para construir conocimiento y comprensión. El lenguaje, entre otras funciones, es una forma social de pensamiento y, por ello, el conocimiento es una construcción social compartida. En el aula, el conocimiento es una construcción guiada y mediada por el lenguaje de docente y alumno. Por tanto, para entender cómo se construye el conocimiento en los procesos de enseñanza y aprendizaje, hemos de prestar atención a la utilización del lenguaje en el aula.

Los docentes utilizan el lenguaje para lograr sus propósitos educativos, uno de los cuales es guiar el aprendizaje de sus estudiantes en las distintas materias del currículo. Según

Mercer (1997, p.36), en el intento de guiar el conocimiento, los docentes utilizan la conversación con tres finalidades:

a. Obtener conocimiento relevante de los estudiantes, para detectar qué es lo que ya saben y comprenden y para que este conocimiento sea considerado como un conocimiento compartido tanto por los estudiantes como por el docente.

b. Responder a lo que dicen los estudiantes, no solo para que obtengan retroalimentación en sus intentos de aproximación al conocimiento sino también para incorporar en el flujo del discurso lo que los estudiantes dicen de forma que se puedan reunir sus contribuciones para construir significados más generalizados.

c. Describir las experiencias de clase que comparten con los estudiantes de manera que el significado educativo de esas experiencias conjuntas se ponga de manifiesto y se le conceda importancia.

Los estudios sobre la interacción verbal en las aulas constataron que la estructura más frecuente de intercambio verbal era el llamado diálogo triádico de Indagación-Respuesta-Evaluación o *Feedback/Follow up* (IRE o IRF), que muestra el reparto tradicional de papeles: el docente pregunta y evalúa (I-E) o proporciona retorno (*feedback / follow up*) (I-F) mientras que los alumnos solo responden (R), buscando generalmente "acertar". Es una estructura asimétrica que obedece a una concepción transmisiva de la enseñanza que "nos remite a la interpretación del aprendizaje como el hecho de recordar y almacenar, no como un proceso de reflexión y construcción personal por parte de los alumnos" (Milian & Ribas, 2016, p.33).

En cambio, si consideramos que el conocimiento se construye en la mente del individuo a partir del intercambio dialogado entre el docente, el alumno y los compañeros, la interacción verbal en el aula necesita de la articulación de espacios dialógicos. En ellos, el diálogo ha de ser una actividad que permita al alumno avanzar en el conocimiento a partir de la ayuda de un adulto o de un compañero que ejerce de interlocutor experto. Mercer (1997) llama a estos espacios, zonas de desarrollo intermental (ZDI), como ampliación de la zona de desarrollo próximo propuesta por Vygotsky. Son espacios donde los participantes utilizan el diálogo para resolver tareas conjuntas, lo que implica buscar soluciones a posiciones opuestas y resolver dudas o problemas. Es lo que Littleton y Mercer (2013) denominan "interpensar" (*interthinking*), que puede adoptar cuatro formas en el aula (van Lier, 2004 en Fontich, en prensa): el experto ayuda al experto, el experto ayuda al menos experto, la contribución del menos experto ayuda al experto, y todos se apoyan en su conocimiento y en el material de referencia. Así, el interior del diálogo es el mundo de conocimiento que comparten los participantes. Se trata de priorizar la acción colaborativa, de forma que se considere al alumno como agente activo, pero no solitario, que no aprende por simple descubrimiento sino a través de la interacción con otras personas en un contexto concreto, el aula.

Los estudios sobre las interacciones del alumnado cuando trabajan en grupo han mostrado muchas diferencias, que Mercer (1997, 2001) ha caracterizado en tres tipos de habla o de conversación: el *habla disputativa* (*disputative talk*) o conversación de discusión, el *habla acumulativa* (*cumulative talk*) o conversación acumulativa y el *habla exploratoria* (*exploratory talk*) o conversación exploratoria.

En el *habla disputativa*, los participantes actúan de forma individualista y muestran principalmente los desacuerdos («Esto es así», «No, no es así», «Sí que lo es»). Apenas se argumentan las intervenciones propias y las críticas que se hacen a las aportaciones de los demás no son constructivas. Los intercambios son breves y a menudo se reducen a establecer las posiciones contrarias, sin llegar a ninguna resolución.

En el *habla acumulativa*, los participantes construyen conocimiento común de forma positiva pero acrítica a partir de lo que va diciendo cada uno. Se construye conocimiento mediante acumulación. Algunos participantes se mantienen al margen o se escudan en las intervenciones de los líderes del grupo, y repiten sus argumentos o simplemente los confirman. Es un discurso que se caracteriza por las repeticiones y confirmaciones.

Finalmente, en el *habla exploratoria*, los participantes se implican crítica pero constructivamente con las ideas de los demás. Las ideas se plantean para ser consideradas de manera colectiva, se someten a crítica y comprobación, siempre razonadamente y ofreciendo posibles alternativas. La participación suele ser bastante equitativa entre los miembros y, antes de tomar una decisión, se tiene en cuenta la opinión de los demás, de forma que el progreso surge del acuerdo finalmente alcanzado. Es un habla vacilante e incompleta porque permite al hablante probar ideas, escuchar cómo suenan, ver qué hacen los demás con ellas, organizar la información y las ideas de diferentes maneras... (Barnes, 2008). Es un habla que ayuda a autorregular el proceso de aprendizaje en la medida en que lo hace más consciente, al verbalizarlo y someterlo a contraste.

Veamos un ejemplo (proporcionado por M.Casas y reproducido en Milian & Ribas, 2016, p.29-30). En una clase de Primaria, los alumnos responden por parejas algunas preguntas de la maestra/investigadora ante la oración "La lagartija es un reptil que pertenece a la familia de los lacértidos". El objetivo de la tarea es reflexionar sobre el valor del tiempo gramatical de presente (simultáneo a la enunciación, habitual, atemporal, retrospectivo) que aparece en dicha oración (Casas, 2017).

1. Maestra: A ver, léamosla: "La lagartija es un reptil que pertenece a la familia de los lacértidos". ¿Cuándo sucede esto?
2. M: Siempre, porque la lagartija…
3. E: Bueno, es que no sucede, porque siempre es un reptil.
4. M: Todas las lagartijas son reptiles.
5. Maestra: ¿Y qué quieres decir con que no sucede, E.?
6. E: Bueno, es que no…, bueno…¡Ay, espera!
7. M: Todas las lagartijas, bueno, son, ¡ay!, es que no lo sé…
8. Maestra: Cuesta decir cuándo ocurre, ¿verdad?
9. E: Sí, porque es un reptil…
10. Maestra: Que pertenece a la familia de los lacértidos…
11. E: Es que…, es que… cuándo pasa no lo sé, no se puede responder esta pregunta, porque esto es que no… no sucede, siempre, siempre es.

En el ejemplo, M. y E. piensan conjuntamente sobre el problema planteado (turnos 2-4). En el turno 5, la maestra anima a E. a precisar su intervención en el turno 3 ("es que no sucede, porque siempre es un reptil"). Tras algunos intentos, en el turno 11, E. precisa algo más su intervención ("cuándo pasa no lo sé […] no sucede […] siempre es"). Su razonamiento apunta al valor atemporal del presente, no al simultáneo (algo sucede ahora) o al retrospectivo (algo sucede en el pasado, como en En 1969 el hombre llega a la luna). En este reducido espacio de diálogo se puede observar cómo se construye significado, como los interlocutores reinterpretan sus propias ideas en confrontación con el otro (Milian & Ribas, 2016, p.32).

Las tres formas de interacción mostradas (disputativa, acumulativa y exploratoria) no se producen siempre de forma separada en los intercambios entre iguales, pero son formas sociales características de pensamiento que nos ayudan a comprender de qué modo se utiliza el lenguaje en las conversaciones reales para "pensar conjuntamente" (Mercer, 1997, p.116). En el aula, obviamente, se trata de promover espacios dialógicos en los que el *habla exploratoria* sea un medio de avanzar en el aprendizaje, lo que no se consigue de forma espontánea. La intervención docente en este sentido es fundamental.

5 El papel del docente en los espacios dialógicos

En un contexto de aula, la responsabilidad del docente para articular espacios en los que el diálogo sea un medio de aprendizaje es doble: ha de saber diseñar actividades propicias para ello y ha de saber acompañar explícitamente a su alumnado para que aprendan a dialogar de manera cooperativa, al modo del *habla exploratoria* (Milian & Ribas, 2016).

Las tareas que favorecen el diálogo, no solo como un medio para comunicar ideas sino, sobre todo, como un instrumento para crearlas, han de tener un margen de exploración, es decir, han de ser abiertas o de respuesta múltiple. Estas tareas sitúan al docente no como sancionador sino como mediador especializado, que sabe orientar y ayudar, en función de las necesidades de su alumnado (Barnes, 1994; Rodríguez-Gonzalo, 2011). En línea con los principios de Diseño Universal de Aprendizaje (DUA) (Villaescusa et al., 2021), estas tareas posibilitan trabajar en el aula de manera inclusiva, con estudiantes de distinta capacidad, que conseguirán el objetivo perseguido según sus posibilidades y el aprovechamiento de las ayudas recibidas.

Alexander (2020), entre otros autores que propugnan el aprendizaje dialógico, aconseja también evitar las preguntas cerradas (en las que se trata de encontrar la respuesta correcta, como único resultado) e incide en la importancia de que el docente sepa diseñar preguntas y actividades que promuevan la consideración de un contenido desde diferentes perspectivas, como "¿Cuáles podrían ser las diferentes interpretaciones de un acontecimiento histórico como la Revolución Industrial?", "Describid diferentes enfoques para resolver este problema", "Pensad en ejemplos de la vida cotidiana en los que el agua se encuentre en dos de sus estados, como en el caso de un vaso de agua con cubitos de hielo". Es necesario, asimismo, que el docente proporcione información relevante que prepare al alumnado y le proporcione las bases para abordar la cuestión trabajada (Fernández, 2024).

La segunda responsabilidad del docente es, en línea con lo anterior, saber acompañar explícitamente al alumnado en la realización de estas tareas. Como señalan Milian & Ribas (2016, p.35), conseguir que mediante el diálogo el alumnado sea capaz de avanzar en el conocimiento "no se alcanza proponiendo simplemente un trabajo en grupo o una discusión sobre un tema de interés". Mercer (2010) destaca cómo la investigación en aula ha mostrado que no es suficiente que los alumnos tengan la oportunidad de debatir mientras realizan alguna actividad educativa. Si simplemente se les deja solos, sus conversaciones a menudo no son productivas, se excluye a algunos alumnos de las discusiones y se desperdicia el valor potencial del aprendizaje colaborativo.

Nos encontramos, por tanto, con la necesidad de *andamiaje*, metáfora introducida por Bruner (Wood, Bruner & Ross, 1976) para indicar el carácter necesario de las ayudas que los agentes educativos prestan a los aprendices y, a su vez, su carácter transitorio, ya que los andamios se retiran de forma progresiva según el aprendiz va asumiendo mayores cotas de autonomía y control en el aprendizaje.

El habla del docente en los espacios dialógicos es fundamental no solo porque es el modelo de lengua que ayuda al alumnado a saber cómo se habla de los contenidos en estudio (lo que Lemke, 1997, llama saber hablar ciencia) sino, sobre todo, porque es quien conduce la interacción hacia los objetivos previstos. Eso no quiere decir que haya de acaparar la palabra la mayor parte del tiempo. Es fundamental que sepa ceder la palabra a los estudiantes, que sepa qué dirección ha de seguir la conversación, cuáles son las ideas que ayudan a avanzar, hacia dónde se han de enfocar las preguntas, cómo hacer hablar a los estudiantes para que aprendan… No es una tarea fácil, requiere de una clara conciencia de aquello que se quiere conseguir, es decir, del aprendizaje que se persigue propiciar en el alumnado. Es un tipo de conversación que se aproxima al diálogo socrático, en el que el papel del docente no es el de transmitir conocimientos sino el de abrir las posibilidades de reflexión, a partir de preguntas que funcionan como *andamiaje*, como ayudas para ir construyendo el conocimiento (Durán, Manresa & Rodríguez-Gonzalo, 2024).

No es fácil planificar la conversación en el aula, ni preparar a los estudiantes para aprender a hablar de manera cooperativa. Mercer (2010, p.26)[1] plantea unas reglas básicas que es necesario respetar en una conversación exploratoria:

Los participantes se involucran de manera crítica pero constructiva con las ideas de los demás.

1. Todos participan.

---

[1] Original en inglés. La traducción es nuestra.

2. Las ideas tentativas se tratan con respeto.

3. Las ideas ofrecidas para consideración conjunta pueden ser cuestionadas.

4. Los retos entre participantes son aceptables y se ofrecen ideas o soluciones alternativas.

5. Se buscan y se consideran las distintas opiniones antes de tomar decisiones conjuntas.

6. El conocimiento se hace público y, por tanto, el razonamiento se hace visible durante la conversación.

Mercer (2010) señala que crear conciencia sobre la importancia de la conversación exploratoria y enseñar al alumnado cómo hacer para que suceda, aumenta la incidencia de diálogos de este tipo, que ayudan a los alumnos, tanto de primaria como secundaria a aprender con éxito a través de actividades basadas en diálogos de aprendizaje.

Fontich (2011), por su parte, señala algunas estrategias para favorecer el *habla exploratoria* en las aulas. Se puede iniciar una sesión con un diálogo entre el/la docente y el alumnado a partir de preguntas que buscan hacer emerger los conocimientos previos de los estudiantes y hacer que se representen el trabajo que habrán de realizar. Tras ello, se puede pedir a los estudiantes que resuelvan en pequeño grupo la actividad propuesta (dar respuesta a un reto, consensuar los argumentos para un artículo de opinión…), haciendo explícitas las reglas del diálogo que se han de respetar. Finalmente, se cierra la sesión con una conversación en grupo-clase en la que se comparten y discuten las decisiones de los pequeños grupos, en un clima en el que el profesor anima a dialogar reflexivamente sobre las soluciones y sobre la calidad de las interacciones (es decir, se reflexiona sobre las reglas acordadas para un diálogo constructivo). Se trata, en definitiva, de propiciar contextos para que los estudiantes hablen entre sí y también momentos de discusión entre el docente y los aprendices.

En definitiva, es importante que no se confunda el papel de guía y mediador especializado del docente con la posición del observador. Para guiar un proceso de aprendizaje se ha de dialogar con el alumnado, es decir, se ha de intervenir para conseguir los objetivos de aprendizaje perseguidos. Para ello, el docente, como experto responsable, ha de haber planificado el camino, elegido los objetivos y los contenidos y diseñado las actividades que considera necesarias para alcanzar los aprendizajes. Pero es la intervención en el aula la que debe dar sentido al trabajo. El docente debe crear un clima de aprendizaje que haga posible la implicación de los estudiantes, debe orientar el trabajo sirviéndose del modelado (pequeñas demostraciones de cómo se hace una actividad) y de la retroalimentación (explicaciones que orientan y facilitan la revisión al alumno o al grupo), debe resolver las dudas, pedir justificaciones y ofrecer ayudas suplementarias cuando aparecen dificultades no previstas o cuando las necesidades del alumnado así lo aconsejen. El papel de guía del docente es determinante en un planteamiento inclusivo para proporcionar el *andamiaje* necesario en cada caso y para articular las ayudas suplementarias que permitan al alumnado con más dificultades participar del trabajo y del aprendizaje común. En definitiva, el docente ha de tener claro que la actividad del alumno no ha de ser un "hacer por hacer", porque sin reflexión no se puede promover un aprendizaje significativo. Como señala Mayer (2020), ser guía implica saber proporcionar una ayuda constante para que el alumnado pueda alcanzar las metas de aprendizaje planificadas (Durán, Manresa & Rodríguez-Gonzalo, 2024).

6 Para concluir

En este trabajo nos hemos referido, desde la perspectiva sociocultural, al aprendizaje como un proceso de socialización que requiere formas de habla y de comprensión específicas, en función de los contenidos trabajados. Hemos mostrado la concepción de las aulas como espacios sociales específicos, sistemas didácticos configurados en torno a una doble estructura: la estructura de interacción entre docente y alumnado y la estructura temática o de contenido, orientada al aprendizaje. Hemos señalado las distintas funciones de la lengua oral en las aulas y, específicamente, hemos aludido al habla que sirve para adquirir conocimientos y para aprender a pensar. Asimismo, hemos mostrado las formas de articulación de los diálogos de aprendizaje y nos hemos detenido en las interacciones del alumnado cuando trabajan en grupo, para remarcar la importancia del *habla exploratoria*, en la que los participantes piensan junto con los demás. Pero, al mismo tiempo, hemos destacado que este tipo de habla no se adquiere de forma espontánea, sino que requiere de ayudas específicas por parte del docente.

Estas ayudas conciernen, por un lado, al diseño de actividades que propicien el diálogo y, por otro, al *andamiaje* que el docente ha de proporcionar durante su realización en el aula, con el objetivo de lograr aulas dialógicas. En ellas ha de haber un equilibrio entre la interacción dirigida por el docente y las interacciones del alumnado, en las que este asume mayor grado de control y, por tanto, mayor responsabilidad. Conseguir estos espacios dialógicos exige previamente la reflexión de los docentes sobre cómo usar la conversación de la manera más eficaz para que el habla en el aula conduzca a un aprendizaje más reflexivo y crítico y, en definitiva, para lograr una educación más democrática.

Las cuestiones planteadas son también una llamada de atención para que se conceda al habla en las aulas y, de forma particular, al habla de aprendizaje, la importancia que requiere en la formación de los futuros docentes. Es necesario que sean capaces de observar cómo se gestiona la interacción en el aula y que sean capaces de analizarla para entender cómo se gestiona el aprendizaje.

Referencias

Alexander, R. (2020). *A dialogic teaching companion.* Routledge.

Barnes, D. (1994). *De la comunicación al currículo.* Visor.

Barnes, D. (2008) Exploratory talk for learning. En N. Mercer & S. Hodgkinson (Eds), *Exploring Talk in School.* Sage.

Bronckart, J.-P. & Plazaola, I. (2000). La transposició didàctica. A A.Camps & M.Ferrer (Coords.) *Gramàtica a l'aula* (pp.39-63). Graó.

Camps, A. (2012). La investigación en didáctica de la lengua en la encrucijada de muchos caminos. *Revista Iberoamericana de Educación,* 59, 23-41.

Canelas-Trevisi, S. (2009). *La grammaire enseignée en clase. Le sens des objets et des manipulations.* Peter Lang.

Casas, M. (2017). La construcción del conocimiento sobre los valores del presente en estudiantes de Primaria. En A. Camps & T. Ribas (Coords.) (2017). *El verbo y su enseñanza. Hacia un modelo de enseñanza de la gramática basado en la actividad reflexiva* (pp.67-79). Octaedro.

Cazden, C.D. (1991). *El discurso en el aula. El lenguaje de la enseñanza y el aprendizaje.* Paidós.

Chevallard, Yves (1991). *La transposición didáctica: del saber sabio al saber enseñado.* Aique.

Durán, C., Manresa, M. & Rodríguez-Gonzalo, C. (2024). La intervenció a l'aula. *Seqüències didàctiques per ensenyar llengües: fonaments, disseny i implementació a l'aula* (pp.99-110). Publicacions de l'Abadia de Montserrat.

Edwards, D. & Mercer, N. (1987). *El conocimiento compartido. El desarrollo de la comprensión en el aula.* Paidós.

Fernández, J. (2024, 7 de abril). Hacia el aprendizaje dialógico, de Robin Alexander. *Investigación docente* (blog). https://investigaciondocente.com/2024/04/07/hacia-al-aprendizaje-dialogico-de-robin-alexander/

Fontich, X. (2011). El diàleg a l'aula des de la perspectiva sociocultural. Les nocions de bastida i parla exploratòria. *Articles de Didàctica de la Llengua i la Literatura, 54, 68-75.*

Fontich, X. (en prensa). *Gramática en acción: Hablando sobre la lengua en clase.* Graó.

Halliday, M.A.K. (1982). *El lenguaje como semiótica social. La interpretación social del lenguaje y del significado.* Fondo de Cultura Económica.

Lemke, J. L. (1997). *Aprender a hablar ciencia: lenguaje, aprendizaje y valores.* Paidós.

Littleton, K. & Mercer, N. (2013). *Interthinking: Putting talk to work.* Routledge.

Mayer, R. E. (2020). *Aplicando la ciencia del aprendizaje.* ISTF-Graó.

Mercer, N. (1997). *La construcción guiada del conocimiento. El habla de profesores y alumnos.* Paidós.

Mercer, N. (2001). *Palabras y mentes. Cómo usamos el lenguaje para pensar juntos.* Paidós.

Mercer, N. (2010). The effective use of talk in the classroom. En A. Costa, M.D. García, P. Garcia, P. Ribera, A. Iglesias, M. del Pozo & C. Rodríguez, *Interacció comunicativa i ensenyament de llengües* (pp.19-28). Universitat de València.

Milian, M. & Ribas, T. (2016). Hablar para aprender. En J. Palou & M. Fons (Coords.) *Didáctica de la lengua y la literatura en educación primaria* (pp.27-39). Síntesis.

Rodríguez-Gonzalo, C. (2011). Programar en lengua y literatura. En U. Ruiz Bikandi (Coord.) *Didáctica de la lengua castellana y la literatura* (pp. 35-60). Graó.

Rodríguez-Gonzalo, C. (2012). Las interacciones y el aprendizaje gramatical: análisis de dos tareas de escritura en una secuencia didáctica sobre los tiempos verbales del pasado (4º ESO). En U.Ruiz Bikandi & I.Plazaola (Eds.) *El aula como ámbito de investigación sobre la enseñanza y aprendizaje de la lengua. V Seminario* (pp-94-109). Universidad del País Vasco.

Ruiz, U. & Camps, A. (2009). Investigar los géneros discursivos en el proceso educativo. *Revista de Psicodidáctica, 14*(2), 211-228.

Smagorinsky, P. (2023). *L.S. Vygotsky and English in Education and the Language Arts*. Routledge.

Tough, J. (1996). *El lenguaje oral en la escuela. Una guía de observación y actuación para el maestro*. Visor.

Vilà Santasusana. M. & Castellà, J.M. (2014). *10 idees clau: Ensenyar la competencia oral a classe. Aprendre a parlar en públic*. Graó.

Villaescusa, M.I. (Coord.). *Diseño Universal y Aprendizaje Accesible. Modelo DUA-A*. Generalitat Valenciana. Conselleria d'Educació, Cultura i Esport. Cefire d'Educació Inclusiva.

Vygotsky, L. (1995). *Pensamiento y lenguaje*. Paidós.

Wells, G. (2001). *Indagación dialógica. Hacia una teoría y una práctica socioculturales de la educación*. Paidós.

Wood, D., Bruner, J. & Ross, G. (1976). The role of tutoring in problema-solving. *Journal of Child Psychology and Child Psychiatry, 17*, 89-100.

LA EDUCACIÓN BILINGÜE COMO HERRAMIENTA DE FORMACÓN Y PROGRESO PARA UN FUTURO GLOBAL

Julia Haba Osca

Grupo de Investigación en Procesos de Desigualdad

(IPRODES)

Dept. de Filologia Anglesa i Alemanya

Universitat de València

1 Del modelo de currículum bilingüe a Translanguaging

Desde hace aproximadamente dos décadas afrontamos en España el desafío de incorporar las lenguas extranjeras en las aulas de educación obligatoria, mediante la implantación del currículum bilingüe (Ramos García, 2013). Ser capaz de desenvolverse en, al menos, una lengua extranjera, es recomendable para el éxito profesional y la autoestima personal (Gajo y Steffen, 2015; Fernández Álvarez, Paz-Albo *et al.*, 2022). En un mundo globalizado, en una Europa en la que la movilidad de estudiantes y trabajadores/as es cada vez más común, las nuevas generaciones deben manejarse en alguna lengua extranjera, que con frecuencia es el inglés por su papel de lengua franca global (Álvarez-Sotomayor, Gómez-Espino *et al.*, 2024).

En los últimos años se han implementado gran variedad de programas de educación bilingüe en España y en otros países europeos. Siempre atendiendo a las necesidades y a las realidades lingüísticas de cada lugar. Paralelamente, también se han organizado reuniones científicas, congresos internacionales, seminarios de investigación, que han tratado de analizar el impacto y el efecto que tiene la educación bilingüe, pero siempre valorando lo positivo (Otto, Rascón *et al.*, 2024). No obstante, sería necesario contar con algunos enfoques un poco más críticos, que analicen el impacto real que tiene sobre los centros educativos, sobre el alumnado, sobre el profesorado que, lógicamente, necesita una formación adicional o distinta (Rodríguez-Peñarroja y Haba-Osca, 2024; García-Laborda, 2025).

Otra cuestión importante que debería analizarse es qué saben las familias sobre el bilingüismo, qué piensan sobre la educación bilingüe y sobre todo cuáles son sus expectativas sobre este tipo de programas (Martínez-Garrido, Hidalgo *et al.*, 2022; Senra-Silva, Ardura *et al.*, 2025).

Las redes sociales, internet, los avances tecnológicos, la movilidad de personas por los diferentes continentes, hacen que vivamos en constante convivencia con individuos que hablan un idioma diferente al nuestro. El dominio de más de una lengua es bastante común, y en el ecosistema lingüístico global, con frecuencia, se producen situaciones de desequilibrio entre lenguas (Castelló Cogollos, 2001; Lew, 2020). Existen lenguas que pueden ser minoritarias en términos absolutos de hablantes, o que, en un determinado contexto, tienen un carácter minoritario y, por tanto, requieren atención especial (Castelló Cogollos, 2013; Ó Duibhir, 2018). En palabras del profesor Padraig Ó Duibhir (2019) del *Institute of Education* en la *Dublin City University* (DCU):

> What we find with speakers of minority languages is that sometimes the discourse in schools is to impulse an identity upon them which is limited to just a minority language identity itself, but we are finding with teenagers that they do not want to be confined to just one identity and that schools need to develop a dual identity which takes on board what the dominant language culture is and the identity around them and marrying that with their own minority language identity because for future life the speakers of minority language need to exist in a world that involves multiple identities. So that schools are doing students a poor service if they ignore the dominant language identity and they need to create a space for them to see what it means to have a minority language identity in a wider and bigger dominant language identity as well[2]

Además, cabe tener presente que la visión tradicional de que las lenguas se encuentran separadas en el cerebro, que el individuo debe desligar una lengua de la otra o que la

---

[2] Traducción propia: "Lo que encontramos con los hablantes de lenguas minoritarias es que a veces la tendencia en las escuelas es imponerles una identidad que solo se limita a la identidad de la lengua minoritaria, pero lo que estamos notando con los adolescentes es que no quieren que se les limite a una sola identidad y piensan que las escuelas deberían desarrollar una identidad híbrida que tome en cuenta lo que es la cultura lingüística dominante y la identidad que les rodea, juntándolo con su propia identidad del idioma minoritario porque para el futuro estos hablantes de idiomas minoritarios deben desenvolverse en un mundo que abarca identidades múltiples. Es por ello que las escuelas están perjudicando al estudiantado si ignoran la identidad del idioma dominante porque deberían crear un espacio para ellos y ellas, para que entiendan lo que significa tener una identidad de lengua minoritaria dentro de una identidad de lengua dominante más amplia y más grande también."

lengua extranjera debe enseñarse de forma separada de la primera lengua, ha cambiado radicalmente (Ruiz-Martín, Blanco y Ferrero, 2024).

En las últimas tendencias de la adquisición y enseñanza del inglés como lengua extranjera, se reincide en fomentar una nueva praxis denominada *translanguaging* (Wei, 2024; Hamman-Ortiz y Romero, 2025). Este nuevo término fue acuñado en la década de 1980 por Cen Williams en su tesis titulada *"An Evaluation of Teaching and Learning Methods in the Context of Bilingual Education"*. Williams empleó el término para describir la práctica de usar dos idiomas en el mismo aula y lección, gaélico e inglés concretamente, que difería de muchos métodos anteriores de educación bilingüe que intentaban separar los idiomas por clase, hora o día. Más adelante, en 2018, el término sería redefinido por el Dr. Li Wei de la *University College London* (UCL) de esta manera:

> Translanguaging is about going beyond the named language boundaries and going beyond the boundaries between language and other semiotic and cognitive resources people use for communication. Translanguaging as a pedagogy is to enable the learner and the teacher to use the full range of their linguistic resources, the full linguistic repertoire in the process of learning and knowledge construction. We cannot assume that the learner speaking languages other than the official language or the language of the instruction do not know anything else but we really need to make the best use of the knowledge and the resources they have already acquired through other languages in learning a new language and inquiring new knowledge[3].

Por lo tanto, el *translingüismo* se refiere a un proceso pedagógico que consiste en utilizar más de una lengua en una actividad educativa o la forma en la que las personas bilingües usan sus recursos lingüísticos para crear sentidos e interactuar con el mundo que les rodea. Se trata de un proceso dinámico en el que los y las hablantes multilingües navegan por complejas demandas sociales y cognitivas a través del empleo estratégico de múltiples idiomas de manera interseccional.

---

[3] Traducción propia: "La palabra *translanguaging* supone ir más allá de los límites entre distintos idiomas e ir más allá de los límites entre el lenguaje y otros recursos semióticos y cognitivos que las personas usan para comunicarse. *Translanguaging* como aproximación pedagógica pretende permitir al alumnado y al profesorado utilizar todos sus recursos lingüísticos, su repertorio lingüístico completo, en el proceso de aprendizaje y construcción del conocimiento. Es incorrecto suponer que el alumnado que habla idiomas distintos al idioma oficial o de instrucción no sepan nada más. Al contrario, necesitamos hacer mayor uso del conocimiento y de los recursos que ya han adquirido a través de otros idiomas para enseñarles un nuevo idioma y transmitirles nuevos conocimientos.

2 La enseñanza bilingüe castellano-inglés actual en España

Hoy en día, ya nadie duda de la importancia de aprender otros idiomas, pero la puesta en marcha de los programas bilingües, en el territorio español, ha sido considerablemente desigual, debido a que las comunidades autónomas tienen competencias transferidas en educación (Zalbide y Cenoz, 2008; Moya Guijarro y Ruiz Cordero, 2018; Gortazar y Taberner, 2020; Bobkina, Domínguez Romero y Sastre-Merino, 2021). Existen tantos modelos educativos como comunidades autónomas en las que la intensidad de los programas, la edad de inicio o los medios empleados es variable y esto convierte a nuestro país en una especie de banco de pruebas en el que no siempre destaca la cooperación institucional entre distintos territorios (Chireac y Devís, 2017; Ruiz Cordero, 2022, Vega-Bayo y Mariel, 2023).

En una serie de entrevistas realizadas para la Universidad Nacional de Educación a Distancia (UNED) en 2019 y disponibles en acceso abierto, personal docente y personas expertas de todo el territorio analizaban su aportación para afrontar en España el desafío de incorporar las lenguas extranjeras en las aulas mediante la implantación del currículum bilingüe, intentando así colaborativamente, encontrar cuáles son los métodos más eficientes para hacerlo y que proporcionen mejores resultados. De entre todas ellas, se han seleccionado las más representativas en relación a su eficiencia, diversidad en los recursos educativos, demanda de solicitudes realizadas por los y las progenitores, ratio de estudiantes e índice de éxito escolar, describiendo experiencias absolutamente dispares con respecto a la enseñanza bilingüe castellano-inglés actual en tres áreas geográficas españolas: Cantabria, Comunidad de Madrid y Andalucía.

Inicialmente, destaca la experiencia docente realizada en el IES Marqués de Santillana en Torrelavega (Cantabria), a través de las palabras del coordinador de programas bilingües, Darío Fernández Ruiz (2019):

> La labor que yo desempeño es la de coordinador de los programas de idiomas, particularmente de dos programas que la gente denomina normalmente programas bilingües, y que aquí denominados programa AICLE[4]. El programa AICLE es un

---

[4] El profesor se refiere al Aprendizaje Integrado de Contenidos y Lenguas Extranjeras (AICLE; en inglés *Content and Language Integrated Learning, CLIL*) se trata de un término que creo David Marsh en 1994 para describir la corriente de lingüística aplicada que asegura que en el aprendizaje de una lengua extranjera se consigue mayor éxito a través de materias comunes. La enseñanza AICLE/CLIL está muy centrada en los y las estudiantes, se trata de un tipo de enseñanza muy flexible. El aprendizaje es interactivo y autónomo y está enfocado a procesos y tareas, no solo a

programa que busca que los participantes desarrollen al máximo su competencia comunicativa en inglés y en francés paralelamente. Para eso ofrecemos unas horas adicionales de inglés y de francés, en unas asignaturas cada curso. Una se imparte parcial y progresivamente en inglés y otra en francés, en ambos casos pertenecen al currículo que no es la asignatura de "Lengua Extranjera", sino otra. El curso pasado fue "Física y Química", pero puede ser "Educación Física", "Tecnología" o "Música". Además de esas horas adicionales y asignaturas, se emplea una metodología particular.

El positivo resultado del método se basa en aplicar la lengua que se quiere aprender en clases de materias comunes y no solo en el aprendizaje de esa lengua desde el punto de vista lingüístico, tal y como describe la profesora María Isabel Herrero López, también docente del IES Marqués de Santillana en Torrelavega (2019):

> No todos los alumnos [y alumnas] del centro cursan el programa bilingüe. Lo eligen con carácter voluntario. Hay grupos de alumnos [alumnas] que optan por no hacerlo. Además, tienen un programa como característica particular de este centro: un programa de metodologías diferenciadas basadas según la autonomía de los alumnos [y las alumnas], no según sus capacidades, sino según su autonomía […] En principio, no hay ningún requisito de notas ni de capacidades, sino más bien de ganas de trabajar. Y entonces se incorporan al programa y van pasado de curso en el programa bilingüe. Como no todas las asignaturas son bilingües, solo algunas, en las otras asignaturas se mezclan con alumnos no bilingües.

Esta experiencia contrasta desigualmente con la descripción del programa bilingüe llevada a cabo en el CEIP Guadalquivir de Sanlúcar de Barrameda en Cádiz (Andalucía), tal y como describió el director José Luis García Barba (2019):

> No es un centro bilingüe, pero sí un centro que potencia el inglés. Yo creo que nos viene grande la palabra bilingüe. La palabra bilingüe implicaría que todo el profesorado, ni cuatro, ni seis, ni ocho, sino que todo el profesorado, tuviera competencia en el segundo idioma. Y no es la realidad. Pero tiene la ventaja de potenciar más el inglés por encima de otros centros que, por ejemplo, tiene menos recursos que el nuestro […] Pero yo no lo denomino escuela bilingüe para no crearle falsas expectativas [a las familias], pensando que aquí, en este centro, se imparte en todas las áreas en inglés o que el niño [o la niña] va a salir en sexto de primaria hablando inglés. La realidad no es esa. Pero sí es verdad que la realidad

---

conocimientos teóricos. La mayor fuente de aportación lingüística (*input*) proviene de materiales textuales y auditivos y por tanto las destrezas más practicadas son la lectura y la comprensión oral. La lengua se contempla desde un punto de vista más léxico que gramatical y lo más importante es que el alumnado adquiera fluidez en la lengua.

es que, si la comparamos con otro centro, nuestro alumnado pienso que tiene mayor competencia tanto oral como escrita.

Curiosamente a lo largo de la entrevista que concedió Juan Carlos López Torres, director del IES Elcano, ubicado también en Sanlúcar de Barrameda (Cádiz), él sí considera que el CEIP Guadalquivir consigue una formación bilingüe derivado de la nomenclatura de su programa, tal y como dijo en 2019:

> La generalización del bilingüismo viene impuesta por la demanda de las familias, de querer venir a este centro. Los centros adscritos que tenemos son el CEIP El Guadalquivir, que es un centro bilingüe, y el CEIP La Jara que es un centro no bilingüe. Pero los alumnos del CEIP La Jara querían entrar en el programa bilingüe. Entonces el problema venía que había más demanda de bilingüismo que plazas que tenemos bilingües. Entonces solo se podría optar de dos formas: una escoger y hacer por sorteo, y solo admitir alumnos bilingües que tuvieran plaza y a los otros decirle que no, lo sentimos. O hacer lo que hemos hecho, con una cantidad de esfuerzo personal y de recursos que normalmente no se tienen en el centro, que es poniendo más horas lectivas de la cuenta. Solo así hemos podido darle la enseñanza bilingüe a más alumnado del que era posible.

Mientras en paralelo, Celia Prieto Sánchez, coordinadora del Programa Bilingüe CEIP Luis Buñuel en Alcobendas (Madrid) describía su programa español-inglés del curso 2018-2019 del siguiente modo:

> El programa bilingüe de la Comunidad de Madrid se organiza de forma que el colegio que oferta, o que decide que ser el colegio bilingüe, hace su oferta con el bilingüismo dentro de su proyecto educativo. Eso supone que hay un aumento de horas de sesiones a la semana de la asignatura o del área de lengua extranjera inglés y aparte se ofertan otras áreas como son "Ciencias Naturales" y/o "Ciencias Sociales", también se imparten en lengua inglesa. También dependiendo de la habilitación del profesorado se puede ofertar también "Música", "Educación Física" y "Artística" que la imparte el mismo profesor de lengua extranjera

A lo que, María Ángeles Sánchez Martos, directora del IES Fortuny ubicado en Madrid añadió (2019):

> Las ventajas que tiene ser centro bilingüe o estar dentro del programa bilingüe de la comunidad de Madrid son muchísimas. Los alumnos que tenemos siguiendo este tipo de enseñanza han mejorado mucho su presentación de proyectos; los profesores han cambiado su forma de dar las clases; las clases son mucho más dinámicas, no se sigue tan de cerca un libro de texto y presentan las clases de una manera más atractiva con un *powerpoint*; incluso con mucho apoyo de profesores extranjeros que doblan en el aula con los profesores españoles […]

En estos programas, uno de los resultados que cabe destacar dentro del modelo de enseñanza bilingüe es la implantación de un aprendizaje significativo, otorgando más importancia a la capacidad comunicativa y de compresión que al mero conocimiento de palabras en otra lengua (Cepero González, García Pérez y López-López, 2013; Lorenzo y Granados, 2020). Esta modalidad educativa busca proporcionar una educación de calidad que sea relevante pero también respetuosa a las identidades culturales y lenguas originarias de los y las estudiantes.

Por eso se han puesto en marcha nuevos métodos pedagógicos que, junto al uso de nuevas tecnologías, dan al alumnado herramientas eficaces para un aprendizaje más natural y fluido, sobre todo en las etapas más tempranas (Sevilla-Pavón y Haba-Osca, 2017; Carrión Candel y Pérez Agustín, 2020; Pérez Jurado y Martínez-Aznar, 2020). Promoviendo así el entendimiento y respeto mutuo entre diferentes grupos étnicos, culturales y lingüísticos, y luchando contra la discriminación y marginalización que históricamente han afectado a una serie de comunidades bilingües en nuestro territorio nacional. Es fundamental recalcar que la educación bilingüe siempre debería fomentar el aprendizaje de dos o más idiomas, sin que nunca una lengua invalide a otra u otras.

Otro aspecto importante a tener en cuenta es la pragmática, que en palabras del Dr. Tony Liddicoat de la University of Warwick en Reino Unido es (2025):

> Pragmatics is the point in language where language and culture come together. If you just understand the words and utterance, you are not going to be ever able to communicate effectively, so you need to learn both the linguistic meaning and cultural meaning. Pragmatics is fundamentally intercultural [...] We need to be able to work out for ourselves what cultural meanings surround us when we are communicating and not just rely on the linguistic meaning [5]

Por lo tanto, resulta evidente como las lenguas no se aprenden de forma aislada, sino que van indispensablemente unidas a la cultura y la sociedad a la que van unidas. Por ello es importante conocer las referencias sociales y culturales que van ligadas a una lengua para manejarla de forma adecuada. Esto añade un mayor grado de complejidad al proceso de

---

[5] Traducción propia: "La pragmática es, en el lenguaje, el punto de encuentro entre la lengua y la cultura y si solo entiendes las palabras y la oración, nunca vas a poder comunicarte de manera efectiva, por lo que necesitas aprender tanto el significado lingüístico como el cultural. La pragmática es entonces fundamentalmente intercultural […] Por eso debemos ser capaces de descubrir qué significados culturales nos rodean cuando estamos comunicando y no solo confiar en el significado lingüístico".

adquisición de la competencia comunicativa en una lengua extranjera, por tanto, la figura del auxiliar de conversación en el aula se convierte en un recurso humano imprescindible como elemento de apoyo docente y como referente cultural dado que se trata de una persona que apoya el aprendizaje de la lengua extranjera como recurso humano nativo en el aula (Scarino, Kohler *et al.*, 2025). Su misión principal es colaborar junto al tutor o tutora, liderar actividades prácticas de conversación y promover su propia cultura, mientas en paralelo mejorar sus propias habilidades de comprensión comunicativa e intercultural en otro idioma y adquiere experiencia en la enseñanza.

3 El inglés, asignatura pendiente y lifelong learning

Para el correcto desarrollo de programas bilingües e interculturales es imprescindible la formación continua de los y las docentes, de los y las coordinadores/as o asesores/as bilingües y de los equipos directos, tanto en el idioma extranjero, como en la metodología y pautas pedagógicas para impartir disciplinas no lingüísticas en un segundo idioma (Ramírez y Kuhl, 2017). Pese a que se han logrado avances para la eficaz puesta en marcha de estos programas en la enseñanza, aún existen diferentes retos a los que debemos enfrentarnos pese a que, en el sistema educativo español, la enseñanza de lenguas extranjeras ha ocupado un lugar importante.

En las últimas décadas, se han desarrollado programas que proporcionan al estudiantado, las máximas competencias lingüísticas en un segundo o tercer idioma, con el objetivo de desarrollar las aptitudes necesarias para afrontar con garantías, los retos de la actual sociedad global. (Lasagabaster *et al.*, 2013). De hecho, los centros educativos que participan en programas bilingües se caracterizan por el aprendizaje integrado de contenidos y lengua, también conocidos como programas CLIL, es decir, adquieren los conocimientos de diferentes materias a través de una lengua extrajera (Rodríguez Gil, 2025). Los y las estudiantes no sólo aprenden un idioma, sino que la lengua extranjera se convierte en una lengua de aprendizaje, en lengua vehicular (Huertas-Abril, Figueroa-Flores *et al.*, 2021). Para ello, los centros y profesores/as, desarrollan actividades con metodologías modernas, activas y participativas.

O dicho en palabras del desaparecido profesor Don Gonzalo Anaya Santos, considerado uno de los principales impulsores de la renovación pedagógica en España (2007), y más conocido como el *maestro de los rojos*, "el maestro [y la maestra] es la herramienta más eficaz y más útil para poner en práctica cualquier metodología y cualquier recurso" (*El País*, 2008).

La finalidad de cualquier sistema educativo es conseguir que cada alumno adquiera el mayor nivel posible de competencia lingüística en el idioma o los idiomas que estudie. Para la implantación y el desarrollo de este tipo de enseñanza integral es imprescindible la motivación de los y las maestras, la coordinación de especialistas en el idioma impartido, por áreas y cursos (González-Sala, Bisquert Bovert *et al.*, 2020). Dicha coordinación debiera permitir canalizar las necesidades que tiene el centro, las distintas actividades que se pueden realizar, el número de auxiliares de conversación o programas de intercambios, viajes, campamentos de inmersión, entre otros (Szczesniak, 2023).

Además, sumado a la motivación y actitud del cuerpo docente, también es muy importante en el aprendizaje y enseñanza del inglés como lengua extranjera, el de los y las estudiantes; es fundamental que ellos y ellas muestren interés y deseo por aprender lo que se les está enseñando (Madrid, 2021; Palacios-Hidalgo, Huertas-Abril *et al.*, 2021). Para ello, las nuevas tecnologías se están utilizando como herramienta y recursos metodológicos imprescindibles, para proporcionar al alumnado la posibilidad de practicar una serie de contenidos en situaciones más reales e interactivas (Arco-Tirado, Fernández-Martín y Hernández Moreno, 2018).

Del mismo modo, en el actual marco educativo, la inclusión del estudiantado con necesidades educativas especiales, es un pilar fundamental (Maurial y Suxo, 2011). La aplicación de la enseñanza bilingüe no queda al margen e intenta dar respuesta a un amplio grupo de estudiantes, teniendo que comprender desde la sobredotación intelectual hasta las discapacidades psíquicas, físicas o sensoriales (Mesas Jiménez, 2024). Este tipo de enseñanzas sólo se puede poner en marcha si se cumplen determinadas condiciones, como el apoyo y compromiso político, la participación de los claustros y consejos escolares, la formación del profesorado, recursos económicos, los auxiliares de conversación, la dedicación horaria o el seguimiento del programa, entre otros aspectos (Kyffin, Ware y Thomas, 2012). Para asegurar que estos programas bilingües se desarrollen manteniendo su calidad, es necesario afrontar los retos y carencias que se evalúan por parte de todos sus protagonistas (Salaberri-Ramiro y Sánchez-Pérez, 2021).

4 Conclusiones y perspectivas de futuro global

Finalmente, independientemente de la aceptación social que tengan los programas de educación bilingüe, que suele ser variable en una región u otra, la realidad es que la educación bilingüe ha venido para quedarse. La demanda social es indiscutible. Tanto para las autoridades educativas como para las familias que invierten gran cantidad de recursos y de tiempo para sacar adelante este tipo de programas de educación bilingüe. El conocimiento de la lengua extranjera no es ningún lujo, no es ningún capricho, hoy en día es una necesidad que tiene que cumplirse. Típicamente el inglés ha sido una asignatura pendiente a nivel nacional y esto es algo que obviamente tiene que cambiar porque la cuestión ya no es si bilingüismo o no bilingüismo, sino cómo hacerlo de la forma más efectiva y más provechosa (Duque-Salazar, Tangarife-Loaiza *et al.*, 2024).

Cualquier sistema educativo debe garantizar la adquisición, por parte del alumnado, del mejor nivel posible en las diferentes competencias. Por ello, hoy en día, la importancia de conocer y hablar lenguas extranjeras es indiscutible. Además de la enseñanza de contenidos curriculares, la enseñanza bilingüe produce grandes beneficios en la formación de los y las estudiantes, y se deben seguir cuidando los procesos de aprendizaje, evaluando la organización de los programas y valorando el esfuerzo de los docentes para su eficaz funcionamiento (Mortimore, 2024; Solsona-Puig, Muñoz-Muñoz y Rodriguez-Valls, 2025).

Luego, tras un breve análisis de pilotaje, tanto interno como externo, se aprecian tres niveles asociados a la educación bilingüe: el nivel lingüístico, el cultural y el pedagógico, también denominado de aprendizaje-enseñanza. Para que la educación bilingüe sea viable de manera eficaz es absolutamente importante que se den estos tres niveles de manera interseccional dado que sino el aprendizaje bilingüe se desmorona y resulta inviable. Por ello, deberíamos de establecer entre todos los y las agentes implicados/as una línea clara de acción, tanto desde la legislación como en los recursos humanos y económicos que las diferentes administraciones autónomas destinan a los programas de educación bilingüe, para que sea realmente una herramienta de formación y de progreso al servicio de una ciudadanía global, multilingüe y pluricultural.

Sumado a ello, se identifica también una ausencia generalizada de investigaciones que se centren y analicen el contexto educativo, el contexto social y lo que ocurre fuera del aula (Bain, 2006). Muchas investigaciones se centran en lo que ocurre dentro del aula y se atribuye a lo que ocurre en el aula el éxito de los programas, cuando, en realidad, todo el mundo hace un esfuerzo enorme. Los padres, madres y tutores/as, por ejemplo, hacen un sacrificio importante para que los chicos y las chicas aprendan idiomas, pero no obstante sus acciones habitualmente quedan fuera de las investigaciones. En general, se aprecia un problema de expectativas que afectan tato al estudiantado como a los padres, madres y tutores legales. Se suele tomar al hablante nativo como el objetivo en el aprendizaje de lenguas, cuando en realidad sería mucho más realista tomar el inglés como lengua franca, como objetivo del aprendizaje, es decir, sumar todos los recursos y esfuerzos en alcanzar como meta común el bilingüismo funcional (Bub, 2020).

En otras palabras, quizás sea el momento en el que pensemos en el concepto del bilingüismo como el aprendizaje-enseñanza de una lengua franca para la comunicación intercultural entre miembros de diferentes comunidades, siendo todas ellas además muy diversas y complejas, brindando herramientas a todo el personal docente y al alumnado implicado para acceder a oportunidades educativas, económicas y sociales en igualdad de condiciones.

Referencias

Álvarez-Sotomayor, A.; Gómez-Espino, J.M.; Barbieri, R. (2024). "Mapping the opportunities of attending bilingual schools in Spain", *Language and Education*, 38(6), pp. 931-950 DOI10.1080/09500782.2023.2240294

Anaya Santos, G. (2007). *La passió educativa*. Valencia: Publicacions de la Universitat de València.

Arco-Tirado, J. L.; Fernández-Martín, F. D. y Hernández-Moreno, N. (2018). "Skills learning thourgh a Bilingual Mentors Program in Higher Education", Internacional Journal of Bilingual Education and Bilingualism, 21(8), pp. 1030-1040 DOI10.1080/13670050.2016.1228601

Bain, K. (2006). *Lo que hacen los mejores profesores universitarios*, Valencia: Publicacions de la Universitat de València.

Bobkina, J., Domínguez Romero, E. y Sastre-Merino, S. (2021). "Literature and language education: Exploring teacher's views on teaching foreign language through literatura in bilingual secondary schools in Madrid (Spain)", *Aila Review*, 34(2), pp. 145-186 DOI10.1075/aila.21003.bob

Bub, A. (2020). "The influence of the type of Bilinguism on the cognitive processing of multicomponent nominative units (an experimental study)", *Tomsk University Journal*, 461, pp. 13-22 DOI10.17223/15617793/461/2

Carrión Candel, E. y Pérez Agustín, M. (2020). "ICT and AICLE as facilitators in Bilingual Education", *Artseduca*, 25, pp. 153-172 DOI10.6035/Artseduca.2020.25.11

Castelló Cogollos, R. (2001). "Nacionalismes i actituds lingüístiques al País Valencià", *Ideologia i conflicto lingüístic*", Toni Mollà (ed.) Alzira: Bromera.

Castelló Cogollos, R. (2013). "La definició nacional de la realitat al País Valencià", *Nació i identitats. Pensar el País Valencià*, Vicent Flor (ed.) Catarroja: Afers.

Cepero González, M., García Pérez, A. y López-López, M. (2013). "Design of a Bilingual Intervention Program for the Area of Physical Education Based on the Digital Skill", *Porta Linguarum*, 19, pp. 257-274

Chireac, S. M. y Devís, A. (2017). "Educational Policies in Spain. The current linguistic panorama of the Valencian Community", *Edu World 7th International Conference*, 23, pp. 79-85 DOI10.15405/epsbs.2017.05.02.11

Duque-Salazar, D. M., Tangarife-Loaiza, M. A. y Velasquez-Hoyos, A. P. (2024). "Interculturality in Latin American Rural Bilingual Education: A Systematic Literature Review", *Profile-Issues in Teachers Professional Development*, 26(2), pp. 199-215 DOI10.15446/profile.v26n2.109822

El País (2008). "Muere el catedrático Gonzalo Anaya a los 94 años". *El País*. 11 de junio de 2008. ISSN 1134-6582. Consultado el 2 de octubre de 2025.

Fernández Álvarez, M.; Paz-Albo, J.; Hervás-Escobar, A.; Montes, A. (2022). "Bilingual education teachers' perceptions of the educational climate and policies in the United States and Spain", *Revista Complutense de Educación*, 33(1), pp. 13-25 DOI10.5209/rced.70926

Gajo, L. y Steffen, G. (2015). "Didactics of multilingualism and alternance of codes: the case of early bilingual education", *Canadian Modern Language Review*, 71(4), pp. 471-499 DOI10.3138/cmlr.2740

García-Laborda, J. (2025). "National Assessment of Bilingual Education in Spain. Discourse Functions and Academic Language", *Revista de Educación*, 410, pp. 345-356 https://recyt.fecyt.es/index.php/Redu/article/view/117595

González-Sala, F.; Bisquert-Bovert, M.; Haba-Osca, J. y Osca-Lluch, J. (2020). "Secondary teacher training in Spain: A study through the offical Masters' in Secondary Education in public universities", *Revista Interuniversitaria de Formación del Profesorado – RIFOP*, 95 pp. 205-223

Gortazar, L. y Taberner, P. A. (2020). "The Influence of the Bilingual Program on the School Segretation by Socioeconomic Origin in the Autonomous Community of Madrid: Evidence from PISA", *REICE – Revista Iberoamericana sobre Calidad Eficacia y Cambio en Educación*, 18(4), pp. 19-239 DOI10.15366/reice2020.18.4.009

Hamman-Ortiz, L. y Romero, D. (2025). "Translanguaging as mediated praxis: A comparative case study of bilingual and monolingual teachers experimenting with translanguaging pedagogy", *Teaching and Teacher Education*, 156. DOI10.1016/j.tate.2024.104878

Huertas-Abril, C. A.; Figueroa-Flores, J. F.; Gómez-Parra, M. E.; Rosa-Dávila, E. y Huffman, L. F. (2021). "Augmented reality for ESL/EFL and Bilingual Education: an international comparison", *Educación XXI*, 24(2), pp. 189-208 DOI10.5944/educXX1.28103

Kyffin, F.; Ware, J. y Thomas, E. (2012). "Double inclusion: Supporting the communication of bilingual learners with Down síndrome in early years education", *Journal of Intellectual Disability Research*, 56(7-8), pp. 708-718

Lasagabaster, D.; Cots, J. M. y Mancho-Barés, G. (2013). "Teaching staff's views about the internationalisation of higher education: the case of two bilingual communities in Spain", *Multilingua-Journal of Cross-cultural and interlanguage communication*, 32(6), pp. 751-778 DOI10.1515/multi-2013-0036

Lew, S. (2020). "Multilinguism and multiculturalism in an International Baccalaureate Diploma Programme with particular emphasis on supporting linguistic minority students", *Journal of Multilingual and Multicultural Development*, 41(6), pp. 488-502 DOI10.1080/01434632.2019.1660666

Liddicoat, A. (2025). "Educating the Multilingual Subject", *L2 Journal*, 17, DOI10.5070/L2.42226.

Lorenzo, F. y Granados, A. (2020). "One generation after the Bilingual turn: Results from a Large Scale CLIL teachers' survey", *ELIA-Estudios de Lingüística Inglesa Aplicada*, 20(20), pp. 77-111 DOI10.12795/elia.2020.i20.04

Madrid, D. (2021). "Motivational Potential of Bilingual and Non-bilingual Programmes in Secondary and Tertiary Education", *Porta Linguarum*, 36, pp. 193-212 DOI10.30827/portalin.v0i36.16700

Martínez-Garrido, C., Hidalgo, N. y Moreno-Medina, I. (2022). "The debate on bilingualism. Families' perceptions about the Bilingual Education Program in the Community of Madrid", *Bordon-Revista de Pedagogía*, 74(3), pp. 35-50 DOI10.13042/Bordon.2022.93931

Maurial, M. y Suxo, M. (2011). "Does Intercultural Bilingual Education Open Spaces for Inclusion at Higher Education?", *Social Justice Language Teacher Education*, pp. 49-62.

Mesas Jiménez, R. (2024). "Mediation as a key element to Foster inclusion in Bilingual education", *Encuentro-Revista de Investigación e Innovación en la clase de idiomas*, 32, pp. 37-57

Mortimore, L. (2024). "Policy before research in bilingual education in Spain: teacher perceptions in STEAM classrooms", *Journal of Learning Styles*, 17(33), pp. 24-36

Moya Guijarro, A. J. y Ruiz Cordero, M. B. (2018). "A study about the differences in the English language leve lof students inmmersed in bilingual and non-bilingual programmes in Castilla-La Mancha (Spain)", *Estudios Filológicos*, 62, pp. 269-288

Ó Duibhir, P. (2018). "Immersion education: Lessons from a minority language context". Bristol: *Multilingual Matters*.

Ó Duibhir, P. (2019): "Bilingual Education in Minority language contexts: when a high level of Linguistic Competence is not enough", *ELIA-Estudios de Lingüística Inglesa Aplicada*, pp. 39-64 DOI:10.12795/elia.mon.2019.i1.03

Otto, A.; Rascón-Moreno, D.; Alcalde-Peñalver, E.; García-Laborda, J. (2024). "La educación bilingüe en España: Una mirada crítica acerca de las tendencias actuales", *Revista de Educación*, 403, pp. 1–8 https://recyt.fecyt.es/index.php/Redu/article/view/103650

Palacios-Hidalgo, F. J., Huertas-Abril, C. A. y Gómez-Parra, M. E. (2021). "Foreign and Bilingual Language Education in the UK and Spain: A Study of Similarities and Differences", *Journal of Language and Education*, 7(2), pp. 243-255 DOI10.17323/jle.2021.11938

Pérez Jurado, S. y Martínez-Aznar, M. M. (2020). "The process of implementing bilingualism in Sciences in primary and secundary levels of a School Center", *Revista Complutense de Educación*, 31(1), pp. 3-24 DOI10.5209/rced.61723

Ramírez, N. F. y Kuhl, P. (2017). "Bilingual Baby: Foreign Language Intervention in Madrid's Infant Education Centers", *Mind, Brain and Education*, 11(3), pp. 133-143 DOI10.1111/mbe.12144

Ramos García, A. M. (2013). "Higher Education Bilingual Programmes in Spain", *Porta Linguarum* (19), pp. 101-112.

Rodríguez Gil, M. E. (2025). "Meeting the training needs of CLIL educators? An analysis of master's programmes in bilingual education", *Porta Linguarum*, 44, pp. 87-104 DOI10.30827/portalin.vi44.31842

Rodríguez-Peñarroja, M. y Haba-Osca, J. (2024). "ICT use and instruction modes in pandemic and post-pandemic contexts: a study on ESP Student's motivation and academic performance", *Revista de Lingüística y Lenguas Aplicadas*, 19, pp. 175-188 DOI10.4995/rlyla.2024.20739

Ruiz Cordero, M. B. (2022). "The oral skill English level in bilingual and non-bilingual educational centres of Castilla-La Mancha", *Revista Complutense de Educación*, 33(2), pp. 201-213 DOI10.5209/rced.73909

Ruíz Martín, H., Blanco, F. y Ferrero, M. (2024). "Which learning techniques supported by cognitive research do students use at secondary school? Prevalence and associations with students' beliefs and achievement", *Cognitive Research-Principles and Implications*, 9(1), DOI10.1186/s41235-024-00567-5

Salaberri-Ramiro, M. S. y Sánchez-Pérez, M. D. (2021). "Students' Perceptions of the Use of English in Higher-Education Bilingual Programs", *Latin American Journal of Content & Language Integrated – LACLIL*, 14(2), pp. 263-291 DOI10.5294/laclil.2021.14.2.4

Scarino, A., Kohler, M. y Liddicoat, A. (2025). "Assessing Intercultural Capability", *The Handbook of Research of World Language Instruction*, pp. 188-200. DOI10.4324/9781003409182-16.

Senra-Silva, I.; Ardura, D.; Chacón-Beltrán, R. (2025). "Families', Students' and Teachers' Attitudes towards Bilingual Education: Lessons to be Learned from Bilingual Contexts", *ELIA-Estudios de Lingüística Inglesa Aplicada*, 25(25), pp. 43-72 DOI10.12795/elia.2025.i25.2

Sevilla-Pavón, A. y Haba-Osca, J. (2017). "Learning from real life and not books: A gamified approach to Business English task design in transatlantic telecollaboration", *Ibérica*, 33 pp. 235-260

Solsona-Puig, J.; Muñoz-Muñoz, E. y Rodriguez-Valls, F. (2025). "Reimaging Bilingual Education in California: A Critical Analysis of Bilingual Teacher Performance Expectations (BTPE)", *Journal of Latinos and Education*, 24(4), pp. 1070-1082 DOI10.1080/15348431.2024.2444935

Szczesniak, A. (2023). "How do in-service teachers perceive CLIL implementation at schools in Spain? A systematic review", *ELIA-Estudios de Lingüística Inglesa Aplicada*, 23(23), pp. 151-187 DOI10.12795/elia.2023.i23.05

Vega-Bayo, A. y Mariel, P. (2023). "Parents' Willingness to Pay for Bilingualism: Evidence from Spain", *Journal of Family and Economic Issues*, 44(3), pp. 727-742 DOI10.1007/s10834-022-09852-1

Wei, L. (2018). "Translanguaging as a Practical Theory of Language", *Applied Linguistics*, 39(1), pp. 9-30 DOI10.1093/applin/amx039

Wei, L. (2024). "Transformative pedagogy for inclusion and social justice through translanguaging, co-learning, and transpositioning", *Language Teaching*, 57(2), pp. 203-214 DOI10.1017/S0261444823000186

Zalbide, M. y Cenoz, J. (2008). "Bilingual Education in the Basque Autonomous Community: Achievements and Challenges", *Language Culture and Curriculum*, 21(1) pp. 5-20 DOI10.2167/lcc339.0

La dimensió social de les pràctiques lingüístiques en l'àmbit educatiu valencià

El paper del professorat en la construcció d'una societat lingüísticament justa i cohesionada

Rafael Castelló-Cogollos

Dep. Sociologia i Antropologia Social

Universitat de València

1 Introducció

Quan parlem d'educació, parlem de política. No es tracta d'una afirmació inicial provocadora, sinó d'una constatació sociològica: l'educació és, per definició, un espai on es defineixen, es transmeten i es reprodueixen valors, normes, identitats i, també, les jerarquies socials que estructuren les nostres societats; i, per tant, és un espai polític. A més a més, la llengua —i més concretament, les pràctiques lingüístiques que es donen en l'àmbit educatiu— no és un element neutral, sinó un factor clau en la construcció de les relacions de poder i en la configuració de les identitats col·lectives. No hi ha dubte, doncs, que les pràctiques lingüístiques en l'entorn educatiu són doblement polítiques.

A la societat valenciana, aquesta qüestió adquireix una transcendència particular. La convivència de dues llengües oficials —el valencià i el castellà— no es produeix en condicions d'igualtat, sinó en un context de desigualtat estructural, on una d'elles, el valencià, ha estat històricament minoritzada. Aquesta situació de minorització no és el resultat d'una evolució «natural» de les llengües, sinó el producte d'unes determinades polítiques lingüístiques que han afavorit sistemàticament el castellà en detriment del valencià, en conferir-li un estatus secundari i limitar els espais socials on és pertinent la seua circulació.

L'escola és un espai estratègic per a la reproducció o la transformació d'aquesta asimetria lingüística. I el professorat —siga quina siga la seua especialitat: matemàtiques, biologia, història, humanitats...— ocupa un lloc central en la dinàmica de reproducció o transformació, ja que les seues actituds lingüístiques, les seues pràctiques quotidianes i la seua comprensió de la dimensió política de l'educació tenen un impacte directe en les possibilitats de la vida social d'una llengua minoritzada.

Aquest text pretén oferir una visió sociològica de les pràctiques lingüístiques en l'àmbit educatiu valencià, i posar l'accent en la dimensió política de l'educació i en la importància de les actituds del professorat. Mirarem les pràctiques lingüístiques des d'una perspectiva que reconeix que les llengües no són simplement instruments de comunicació, sinó que també són —i fonamentalment— elements constitutius de les identitats col·lectives i factors claus en la configuració de les relacions de poder en les nostres societats.

2   La dimensió política de l'educació: més enllà de la neutralitat aparent

2.1 L'educació com a camp de lluita simbòlica

Els treballs de Pierre Bourdieu ens van ensenyar ja fa temps que l'escola no és un espai neutral on simplement es transmeten coneixements, sinó que és un camp de lluita simbòlica on es defineixen i es legitimen determinades formes de coneixement, determinades maneres de parlar, i determinades identitats culturals (Bourdieu i Passeron [1970]1995, [1964]2009). En aquest sentit, l'educació compleix una funció política fonamental: la de ser un dels camps de confrontació entre la reproducció i la transformació de les estructures socials.

Quan parlem de la llengua en l'educació, estem parlant, per tant, d'un element amb una doble càrrega política. Una llengua no és simplement un vehicle per transmetre continguts, sinó que és també —i sobretot— un element que defineix qui som, a quina comunitat pertanyem, quins són els nostres drets i quines són les nostres obligacions. I la decisió sobre quines llengües s'usen en l'àmbit educatiu, en quins espais i amb quina intensitat, és una decisió profundament política amb conseqüències molt concretes sobre la reproducció o la transformació de les jerarquies socials.

Al País Valencià, la situació és especialment complexa. Tenim dues llengües oficials, que no tenen, però, el mateix estatus social, ni la mateixa presència en els mitjans de comunicació, ni la mateixa capacitat de conferir capital simbòlic als seus parlants. El castellà és la llengua de l'estat, la llengua amb major prestigi social, la imprescindible per a accedir a qualsevol àmbit laboral o institucional. El valencià, en canvi, és una llengua minorit-zada, amb menor presència en els espais públics formals, amb menor prestigi en determi-nats contextos socials i que, en molts casos, és percebuda com una llengua secundària, folklòrica o vinculada a àmbits d'ús privats i informals: una llengua percebuda com a prescindible (Aracil 1982; Ninyoles [1969]1978, 1992).

Amb aquesta iniquitat lingüística, si volem viure en una societat justa, és necessària la intervenció pública per a equilibrar la situació: el simple fet de mantenir l'*statu quo* —és a dir, no intervenir activament per a corregir les desigualtats existents— implica reproduir i perpetuar la situació de dominació del castellà sobre el valencià. És necessària una po-lítica lingüística educativa favorable al valencià, si volem transformar una situació d'in-justícia social en una de justícia.

2.2 La política lingüística com a política d'igualtat

Quan parlem de política lingüística, estem parlant d'un conjunt d'intervencions conscients i planificades que regulen els usos lingüístics en una determinada societat (Ricento 2006). I aquestes intervencions poden tenir orientacions molt diferents: poden voler reproduir les jerarquies lingüístiques existents, o transformar-les.

En el cas valencià, la Llei d'ús i ensenyament del valencià (LUEV) de 1983 va suposar un punt d'inflexió important en el reconeixement dels drets lingüístics de la població va-lencianoparlant. Amb tot, el marc constitucional estableix una jerarquia que fonamenta el tracte desigual (Cortes Españolas 1978: art. 3): el castellà sempre té avantatge sobre qual-sevol altra llengua oficial. I això és a la base de les limitacions que condicionen l'eficàcia de la LUEV (Bodoque 2011; Esteve i Esteve 2019):

1. Fora de l'àmbit escolar, la llei no estableix cap regulació normativa clara, ni cap objectiu definit: tot són bones intencions expressades amb previsions tan etèries i poc pròpies d'una llei com són el foment, la promoció o l'encoratjament. No hi ha obligacions, només recomanacions.

2. Qui parla valencià no té, ni de lluny, els mateixos drets que qui parla en castellà: la LUEV no estableix una veritable igualtat lingüística, sinó que manté una situa-ció d'asimetria favorable al castellà. No hi ha cap mesura disciplinària per a les persones que incompleixen les seues obligacions amb les persones valencianopar-lants.

Això ha fet que, en la pràctica, les polítiques lingüístiques aplicades al País Valencià durant les últimes dècades hagen estat, en el millor dels casos, de baixa intensitat i, en el pitjor, de contraplanificació lingüística (Pradilla 2001). És a dir, polítiques que, sota l'aparença de respectar la «llibertat d'elecció» lingüística, afavoreixen la reproducció de la situació de domini del castellà i la progressiva substitució del valencià en molts àmbits de la vida social.

2.3 El discurs de la llibertat d'elecció: una trampa ideològica

Un dels discursos més estesos en els darrers anys en matèria de política lingüística és el del «dret a triar la llengua d'escolarització» o el de la «llibertat d'elecció lingüística». Aquest discurs, que aparentment defensa els drets individuals dels parlants, amaga una trampa ideològica fonamental: la negació de la desigualtat estructural entre les llengües. Parlar de «llibertat d'elecció» en un context d'asimetria lingüística és ignorar que les opcions de tria no són iguals per a tothom. Les persones monolingües en castellà poden «triar» no aprendre valencià sense que això tinga cap cost per a elles en termes de mobilitat social, accés al mercat laboral o integració en la societat. En canvi, les persones valencianoparlants no poden «triar» no aprendre castellà, i si intenten no usar-lo es troben amb obstacles enormes per desenvolupar la seua vida quotidiana, ja que el castellà és imprescindible per a accedir a multitud d'àmbits socials, institucionals i laborals (Bourdieu [1982]1985; Castelló 2002; Castelló i Moya 2021).

Per tant, parlar de «llibertat d'elecció» sense tenir en compte aquesta asimetria de partida és, en realitat, consagrar el privilegi dels parlants de la llengua dominant i la subordinació dels parlants de la llengua minoritzada. Com he dit en altre lloc (Castelló 2002:197): «Aquesta interacció lingüística, lluny de respondre a patrons lliurecanvistes, està regulada, intervinguda diu el mateix Ninyoles, per les institucions estatals mitjançant l'oficialitat jerarquitzada dels codis lingüístics que hi conviuen». Des d'aquesta perspectiva, una política lingüística justa no pot garantir la «llibertat d'elecció» sense promoure la igualtat: ha d'intervenir activament per corregir les desigualtats i garantir que la llengua minoritzada tinga una presència efectiva en tots els àmbits socials, començant per l'educació.

3 Les pràctiques lingüístiques al País Valencià: una diagnosi sociològica

3.1 La situació de diglòssia i el procés de substitució lingüística

Per entendre la situació de les pràctiques lingüístiques a la societat valenciana, cal partir d'una diagnosi sociològica que reconega l'existència d'una situació de *diglòssia*. El concepte de *diglòssia*, popularitzat per Charles Ferguson (1959), fa referència a la situació de convivència desigual entre dues llengües en un mateix territori i comunitat, on existeix una preferència dominant per una llengua —la llengua d'ús públic i institucional, amb prestigi, denominada *llengua A* (o alta)— enfront d'una altra, relegada a situacions d'àmbit privat, oralitat i folklore —denominada *llengua B* (o baixa).

Al País Valencià, aquesta situació de diglòssia es manifesta de manera molt clara: el castellà és la llengua que s'utilitza preferentment en els contextos públics, formals, institucionals i de prestigi, mentre que el valencià queda relegat a àmbits d'ús més informals, privats i familiars. Aquesta distribució desigual dels usos lingüístics no és casual, sinó que és el resultat d'un procés històric de minorització de la llengua catalana al territori valencià, un procés que s'ha anat intensificant especialment a partir de finals del segle XIX i durant tot el segle XX (Aracil 1982; Ninyoles 1992).

Les dades empíriques confirmen aquesta situació i, el que és més preocupant, mostren una tendència clara a la substitució progressiva del valencià pel castellà. Segons les anàlisis basades en les Enquestes d'Usos del Valencià de la Generalitat Valenciana (Castelló 2002; Castelló i Moya 2021) està produint-se un procés de substitució del valencià pel castellà que segueix dos patrons, segons els àmbits d'ús:

– En l'espai públic: la substitució es produeix per la caiguda de les pràctiques bilingües amb preferència pel valencià, substituïdes per pràctiques monolingües en castellà.

– En l'espai privat: la substitució es produeix per la reducció de les pràctiques monolingües en valencià a favor de les bilingües, amb una progressiva presència del castellà també en aquests espais més íntims.

El que significa que, tal com va, en lloc de créixer el bilingüisme el que creix és el monolingüisme castellà. Aquesta tendència afecta especialment Alacant i Castelló i a la població major de quaranta-cinc anys, però és una tendència generalitzada que posa en qüestió la viabilitat del valencià com a llengua d'ús social, per la reducció contínua del mercat lingüístic valencià.

3.2 El mercat lingüístic i els capitals lingüístics

Per entendre per què es produeix aquesta substitució lingüística, podem introduir el concepte de *mercat lingüístic* de Bourdieu ([1982]1985). Els mercats lingüístics són espais socials on es produeixen intercanvis comunicatius i les diferents competències lingüístiques tenen valors diferents en funció de les lleis de formació de preus pròpies d'aquell mercat. En altres paraules: no totes les maneres de parlar tenen el mateix valor social, i les llengües que es parlen no confereixen el mateix valor, o capital simbòlic, als seus parlants.

Al País Valencià, el mercat lingüístic està clarament jerarquitzat a favor del castellà. Parlar castellà confereix més capital simbòlic, més prestigi, més possibilitats d'accés als àmbits laborals i institucionals, i per tant a altres capitals (econòmics, socials, polítics, etc.). Parlar valencià, en canvi, pot ser valorat positivament en determinats contextos (per exemple, en àmbits culturals o identitaris), però en molts altres és percebut com el marcador d'una identitat secundària, folklòrica o, fins i tot, com un obstacle per a la mobilitat social.

Aquesta jerarquització del mercat lingüístic es reflecteix en les diverses formes que pot prendre el capital lingüístic (Castelló 2002; Castelló i Moya 2021):

1) Capital competencial: el grau de coneixement de la llengua (comprensió, expressió oral, lectura, escriptura). Les dades mostren que aquest capital ha augmentat gràcies fonamentalment a l'escolarització en valencià; i afecta favorablement, per tant, a les pràctiques lingüístiques escrites. Però aquest augment s'ha produït especialment entre la població que ja partia d'unes competències orals relativament elevades.

2) Capital instrumental primari: l'ús de la llengua en contextos privats i informals (a casa, amb amics). Les dades mostren una reducció preocupant d'aquest capital, amb un desplaçament progressiu del valencià cap a espais cada vegada més restringits.

3) Capital instrumental secundari: l'ús de la llengua en contextos públics i formals (al carrer, en comerços, en institucions). Les dades mostren una clara hegemonització de l'espai públic pel castellà, amb uns usos públics del valencià extremadament minoritzats.

4) Capital valoratiu: la valoració social de la llengua i el desig d'usar-la. Les dades, tot i partir de valors alts, mostren un descens generalitzat durant el període analitzat, especialment entre les posicions més estranyes al valencià. El que indica que la «bombolla especulativa» de les acreditacions comença a desinflar-se (Castelló 2021).

Aquestes dades posen de manifest que no n'hi ha prou amb millorar les competències lingüístiques de la població (capital competencial) si no s'actua també sobre els seues usos (capitals instrumentals) i sobre les valoracions socials que se'n fan (capital valoratiu). Donada la situació la defensa del valencià demana, necessàriament, polítiques actives d'intervenció en el mercat lingüístic, polítiques que afavorisquen la circulació de la llengua i que augmenten el seu valor simbòlic, tot modificant les actituds lingüístiques de la població.

3.3 Les actituds lingüístiques i la dominació simbòlica

Un element clau per a entendre la reproducció de la situació de diglòssia és el concepte de *dominació simbòlica*, també de Bourdieu ([1994]1997). La *dominació simbòlica* és aquella que s'exerceix sobre un agent social amb la seua complicitat, és a dir, sense que l'agent siga conscient de la dominació que pateix i, per tant, sense que la perceba com a coercitiva.

Al País Valencià, aquesta dominació simbòlica es manifesta en l'existència d'un conjunt d'actituds lingüístiques que naturalitzen la situació d'asimetria entre el castellà i el valencià, que aconsegueixen que una gran quantitat de valencianoparlants accepten com a «normal», o fins i tot com a «just», que el castellà tinga més presència, més prestigi i més utilitat social que el valencià.

Aquestes actituds es reflecteixen, per exemple, en l'*ocultació lingüística* (silenciar la llengua pròpia) o *antixibòlet* (McNamara 2020): en trobar-se amb una persona que no coneixen, la majoria de valencianoparlants comencen la conversa en castellà, en donar per suposat que l'altra persona no entendrà o no voldrà parlar en valencià; així els valencianoparlants es converteixen, de fet, en *valencianocallants*. Eixa pràctica, que aparentment respon a una voluntat de cortesia o de facilitar la comunicació, és en realitat una manifestació de submissió, de la interiorització i acceptació de la jerarquia lingüística existent: el castellà és percebut com la llengua «neutra» (o *anònima*), la llengua per defecte; mentre que el valencià és una llengua «marcada» (o *autèntica*), que requereix una justificació especial per ser utilitzada (Castelló i Monzó 2023; Gal i Woolard 2001).

Aquesta dominació simbòlica es reprodueix a través del que podem anomenar l'*estrés lingüístic* (Suay i Sanginés 2010): els parlants de llengües minoritzades pateixen una càrrega emocional i cognitiva addicional cada vegada que han de decidir en quina llengua s'expressen, perquè saben que aquesta decisió pot tenir conseqüències socials negatives (poden ser titllats de «radicals», d'«excloents», o «poc oberts»...). Eixa càrrega no l'han de suportar els parlants de la llengua dominant, que poden expressar-se en la seua llengua sense haver de justificar-se, ni de reflexionar sobre les possibles conseqüències socials d'una elecció lingüística que no han de fer.

3.4 El paper de la política lingüística

I això té un fonament en la política lingüística aplicada a la societat valenciana, de fa segles, a través d'una lògica *necrolingüística* (la mort simbòlica de les llengües minoritzades mitjançant l'abandó i negligència estatal) i la *governamentalitat neoliberal* (la reconfiguració de les subjectivitats amb l'objectiu de despolititzar els drets col·lectius). Des dels decrets de Nova Planta (1707) fins a la recent Llei 1/2024 de «llibertat educativa», coneguda també com a Llei Rovira, el valencià ha patit una violència sistemàtica que ha evolucionat des de la persecució i prohibició directa borbònica o franquista cap a formes més sofisticades d'abandó institucional i mercantilització. La Llei Rovira exemplifica aquesta transformació neoliberal: sota la retòrica de la «llibertat d'elecció» individual, converteix la responsabilitat estatal sobre la protecció lingüística en una responsabilitat de les famílies, i d'aquesta manera desmantella la planificació lingüística com a política pública col·lectiva (Brown 2016).

Aquesta estratègia opera mitjançant una *mercantilització educativa* que crea segregació lingüística —el valencià s'associa a fracàs i el bilingüisme castellà-anglés a èxit social—, la *judicialització* sistemàtica de les polítiques lingüístiques —afebleix la seua legitimitat—, la *responsabilització individual* de les tries lingüístiques —naturalitza la castellanització com a «elecció lliure»—, i les *economies d'abandó* (Povinelli 2011) —toleren la diversitat lingüística com a element decoratiu mentre mantenen intactes les estructures de dominació.

Tanmateix, també existeixen formes de resistència comunitària —mobilització en la consulta sobre la llengua a l'escola de 2025, xarxes d'autoorganització de les famílies, resiliència quotidiana de la transmissió intergeneracional— que apunten cap a la possibilitat de reconstruir la dimensió col·lectiva de la defensa lingüística com a resposta a l'hegemonia neoliberal que converteix tots els béns comuns en mercaderies.

4 L'escola com a espai de reproducció o de transformació: el paper del professorat

4.1 L'escola en el context de minorització lingüística

Com s'ha demostrat en múltiples estudis sociolingüístics (Lambert 1981; Landry i Allard 1993), en situacions en què una llengua està minoritzada —és a dir, on té menys presència social, menys prestigi i menys utilitat aparent—, l'única manera de garantir que les noves generacions adquirisquen una competència real en aquesta llengua i, sobretot, que la utilitzen, és a través d'una presència forta i continuada d'aquesta llengua en el sistema educatiu.

Això vol dir que l'escola no pot limitar-se a ensenyar el valencià com una assignatura més, sinó que ha de fer del valencià la llengua vehicular de l'ensenyament, la llengua en què s'imparteixen la majoria de les matèries i en què es desenvolupa la vida quotidiana del centre. Només així es pot compensar la feblesa de la presència social del valencià i garantir que l'alumnat adquirisca no només competències lingüístiques, sinó també hàbits d'ús i actituds positives cap a la llengua (Sintes 2023).

Perquè això siga possible, cal que el professorat —tot el professorat, no només el professorat de valencià— assumisca el seu paper com a agent de política lingüística. I això requereix, en primer lloc, que el professorat siga conscient de la dimensió política de la seua tasca docent i de les implicacions que tenen les seues pràctiques lingüístiques quotidianes.

4.2 Les actituds del professorat: un factor clau

Les actituds del professorat cap a les llengües i els seus usos són un factor clau en l'èxit o el fracàs de les polítiques lingüístiques en l'àmbit educatiu. El professorat a més de difondre continguts acadèmics, també transmet —de manera sovint inconscient— actituds, valors i representacions sobre les llengües i sobre el seu valor social. Quan un professor o professora de matemàtiques, de biologia o d'història decideix fer la seua classe en valencià (o en castellà) no està prenent una decisió purament tècnica o pedagògica, sinó que està prenent una decisió política que té conseqüències molt concretes:

1) <u>Està enviant un missatge sobre la normalitat o l'excepcionalitat del valencià</u>: si el valencià s'utilitza habitualment en tots els àmbits de l'escola, l'alumnat percep aquesta llengua com una llengua normal, vàlida per a tots els usos. Si el valencià només s'usa en l'assignatura de valencià i en contextos molt específics, l'alumnat percep aquesta llengua com una llengua folklòrica o d'ús restringit.

2) <u>Està contribuint a augmentar (o a disminuir) el capital simbòlic del valencià</u>: quan el professorat fa servir el valencià per explicar continguts acadèmics complexos, per fer avaluacions, per relacionar-se amb l'alumnat en contextos formals, està contribuint a augmentar el prestigi d'aquesta llengua i a fer visible que és una llengua apta per a tots els usos. Quan el professorat evita usar el valencià en aquests contextos, contribueix a reproduir la idea que el valencià és una llengua de menor valor social, una llengua secundària.

3) <u>Està modelant les pràctiques lingüístiques de l'alumnat</u>: l'alumnat no només aprén llengües a l'escola, sinó que també aprén maneres d'usar-les, contexts d'ús, normes de cortesia lingüística. Si el professorat practica l'ocultació lingüística (comença les converses en castellà, canvia de llengua quan algú «diu» que no entén el valencià...), l'alumnat aprén que aquesta és la manera «normal» de comportar-se. Si el professorat practica l'ús no conflictiu, però ferm, del valencià, l'alumnat aprén que el valencià és una llengua que es pot i s'ha d'utilitzar en tots els contextos.

Per tant, les actituds del professorat no són una qüestió menor, sinó que són un element central en qualsevol política lingüística. I això vol dir que la formació del professorat —tant la formació inicial com la formació permanent— ha d'incloure necessàriament una reflexió sobre aquestes qüestions, sobre la dimensió política de l'educació i sobre el paper del professorat com a agent de transformació social.

4.3   Els obstacles i les resistències: el discurs de la neutralitat

Un dels obstacles més importants per a la implicació del professorat en la defensa del valencià com a llengua vehicular és el discurs de la neutralitat. Molts professors i professores consideren que la llengua «polititza» les matèries i que, per tant, no ha de formar part de la seua tasca docent, que ha de ser «neutral» i «objectiva». Aquest discurs és especialment freqüent entre el professorat de matèries no lingüístiques (matemàtiques, ciències, història...), que sovint considera que la llengua és una qüestió que només ha de preocupar al professorat de llengües i que la seua faena és «ensenyar la matèria», amb independència de la llengua en què l'ensenye.

Però aquest discurs de la neutralitat és fals i enganyós. La decisió sobre quina llengua s'utilitza en l'ensenyament no és mai una decisió neutral, sinó que és una decisió que té conseqüències polítiques molt concretes. La pretensió de mantenir-se «neutral» és, en realitat, una presa de posició a favor de l'*statu quo*, és a dir, a favor de la reproducció de la situació de domini del castellà.

A més, cal dir-ho amb claredat: no hi ha neutralitat possible en l'educació. Tot acte educatiu implica una selecció de continguts, una manera de presentar-los, una jerarquització de sabers. I aquesta selecció, aquesta presentació, aquesta jerarquització, són sempre polítiques. Com deia Paulo Freire (2007, 2022), l'educació o és alliberadora o és domesticadora, però no és mai neutral.

Per tant, el que es necessita és que el professorat assumisca la dimensió política de la seua tasca i que ho faça des d'una posició crítica i reflexiva, conscient de les implicacions socials i polítiques de les seues pràctiques lingüístiques quotidianes. I això requereix formació, reflexió col·lectiva i, també, compromís institucional per part dels centres educatius i de l'administració.

5   Cap a una societat on convisquen dues llengües: condicions i reptes

5.1   La relació ideològica entre identitat i llengua

Un dels obstacles més importants per avançar cap a la igualtat lingüística al País Valencià és la persistència d'una falsa relació entre identitat i llengua. Aquesta ideologia parteix de la premissa errònia que la llengua i la identitat han de coincidir necessàriament i que, per tant, reconéixer que la llengua dels valencians i la llengua dels catalans és la mateixa implica negar l'existència d'una identitat valenciana diferenciada; o significa vincular el castellà a la nacionalitat espanyola, de manera que qui parla valencià/català, èuscar o gallec, deixa de ser espanyol.

Com ja he explicat (Castelló 2008), l'equació «llengua igual a identitat» és una equació falsa, una construcció ideològica. En el cas de la identitat espanyola, promou l'homogeneïtzació cultural i la imposició del castellà com a llengua d'espanyolitat. L'equació potser funciona relativament bé amb el català a Catalunya, on hi ha un ampli consens social sobre el fet que els catalans parlen català i que aquesta llengua és un element constitutiu de la identitat catalana. Però al País Valencià, aquesta equació genera problemes enormes, perquè obliga els valencians a triar entre la seua identitat (valenciana) i la seua llengua (catalana): si acceptem que parlem català, sembla que hem de renunciar a la identitat valenciana; si volem mantenir la identitat valenciana, sembla que hem de negar la catalanitat de la llengua. Aquesta falsa vinculació ha tingut conseqüències devastadores per a la salut de la llengua al País Valencià, perquè ha alimentat el secessionisme lingüístic i ha facilitat la substitució lingüística. Molts valencians, davant l'exigència de triar entre identitat i llengua, han optat per mantenir la identitat (valenciana) i renunciar a la llengua (catalana), i això suposa, *de facto*, la substitució del valencià pel castellà (Lledó-Guillem 2023).

La confusió entre llengua i identitat fa molt de mal a la convivència i a les llengües minoritzades. La sortida d'aquesta trampa exigeix trencar l'equació i reconéixer que és perfectament possible —i, de fet, és la situació real— que els valencians tinguen una identitat pròpia i diferenciada i que parlen una llengua que és compartida amb altres territoris; i que, a més, eixa llengua pròpia i compartida no nega necessàriament la seua espanyolitat: sentir-se espanyol és compatible amb parlar qualsevol llengua.

Igual que els americans, els canadencs, els australians i els neozelandesos tenen identitats nacionals diferenciades encara que parlen anglés, o que els argentins, els mexicans, els colombians i els espanyols tenen identitats nacionals diferenciades i parlen castellà, els valencians i els catalans poden tenir identitats diferenciades encara que parlen la mateixa llengua. El reconeixement de parlar la mateixa llengua no implica negar les especificitats del valencià (la varietat dialectal, les peculiaritats lèxiques, morfològiques i fonètiques...), sinó situar aquestes especificitats en el marc d'una llengua compartida que té múltiples varietats i registres.

5.2 Les condicions per a una convivència lingüística igualitària

Per avançar cap a una societat on puguen conviure dues llengües en condicions d'igualtat, cal generar una sèrie de condicions que no es donen actualment al País Valencià.

a) <u>Reconeixement explícit de la situació de desigualtat i de minorització del valencià.</u> No podem avançar cap a la igualtat si partim de la premissa que les dues llengües ja són iguals. Cal reconéixer que el valencià és una llengua minoritzada, que té menys presència social que el castellà, que té menys prestigi en molts contextos i que, per tant, necessita mesures específiques de protecció i promoció (Pardines i Torres 2011).

b) <u>Polítiques actives d'intervenció en el mercat lingüístic</u>. No podem confiar en la «lliure elecció» dels parlants, ni en la «mà invisible del mercat», per corregir les desigualtats lingüístiques. Cal que les institucions públiques intervinguen activament els usos lingüístics, per a ampliar els espais socials on es pot utilitzar el valencià i per a augmentar el valor simbòlic d'aquesta llengua (Bourdieu 1985). Això implica, almenys:

– Regular els usos lingüístics en l'administració pública, per a garantir que els ciutadans puguen relacionar-se amb l'administració en valencià en igualtat de condicions que en castellà.

– Regular els usos lingüístics en els mitjans de comunicació públics, per a garantir una presència adequada del valencià.

– Regular els usos lingüístics en l'àmbit econòmic i laboral, per a establir incentius perquè les empreses utilitzen el valencià en les seues comunicacions amb els clients i en les seues relacions laborals internes.

c) <u>Fer del valencià la llengua vehicular de l'ensenyament</u>. En l'àmbit educatiu, cal superar el model de «llibertat d'elecció» i fer del valencià la llengua vehicular preferent de l'ensenyament en tot el sistema educatiu públic i concertat. Això no implica excloure el castellà de l'ensenyament (que ha de continuar sent ensenyat i utilitzat en determinades matèries), però sí que implica que el valencià siga la llengua en què s'imparteixen la majoria de les matèries i en què es desenvolupa la vida quotidiana dels centres. Aquest model és l'únic que garanteix que tot l'alumnat —independentment de la seua llengua familiar— adquirisca una competència real en valencià i, sobretot, que normalitze el seu ús en tots els contextos (Landry i Allard 1993).

d) <u>Formació del professorat en competències lingüístiques i en consciència sociolingüística</u>. Cal garantir que tot el professorat —de totes les especialitats— tinga una competència adequada en valencià (com a mínim el nivell C1), i que reba formació específica sobre la situació sociolingüística del País Valencià, sobre les implicacions polítiques de les pràctiques lingüístiques en l'educació i sobre estratègies didàctiques per treballar en contextos multilingües. Aquesta formació no pot ser voluntària, ni opcional, sinó que ha de ser un requisit per accedir a la funció pública docent. I ha d'anar acompanyada d'una reflexió col·lectiva, en els centres educatius, sobre els projectes lingüístics de centre i sobre les estratègies per garantir que el valencià siga la llengua vehicular de l'ensenyament.

e) <u>Treball sobre les actituds lingüístiques</u>. No n'hi ha prou amb millorar les competències lingüístiques de la població si no es treballa també sobre les seues actituds lingüístiques. Cal desenvolupar estratègies educatives per a promoure actituds positives cap al valencià, per a desnaturalitzar les jerarquies lingüístiques existents i per a generar una consciència crítica sobre els processos de minorització lingüística. Això implica treballar sobre diverses dimensions:

– Consciència de la diversitat lingüística: fer visible que el món és plurilingüe, que la majoria dels països tenen més d'una llengua i que aquesta diversitat és una riquesa, no un problema.

– Consciència de la desigualtat entre llengües: fer visible que no totes les llengües tenen el mateix estatus social, que hi ha llengües dominants (majoritzades) i llengües minoritzades, i que aquesta jerarquia no és natural sinó socialment construïda.

– Consciència dels drets lingüístics: fer visible que els parlants de llengües minoritzades tenen drets que han de ser respectats i que la defensa d'aquests drets no és una qüestió de «radicalisme» o de «nacionalisme», sinó de justícia i d'igualtat.

– Pràctica d'usos lingüístics no conflictius: treballar estratègies per utilitzar el valencià de manera natural i no conflictiva, sense generar situacions d'incomoditat o d'enfrontament, però també sense practicar l'*ocultació lingüística*.

5.3 Les febleses d'una societat que maltracta alguna de les seues llengües

Una societat que maltracta alguna de les seues llengües és una societat més feble, culturalment més pobra i més injusta, per diverses raons:

1) <u>Pèrdua de diversitat cultural i lingüística</u>. Cada llengua és una manera diferent d'entendre el món, d'organitzar l'experiència, de relacionar-nos amb la realitat. Quan desapareix una llengua, es perd una part del patrimoni cultural de la humanitat. I aquesta

pèrdua no és compensable, perquè cada llengua és única i irrepetible. Al País Valencià, el valencià no és només una llengua, sinó que és també un vehicle de transmissió d'una cultura, d'una memòria col·lectiva, d'unes maneres de fer i de relacionar-se que han estat construïdes durant segles. Renunciar al valencià implica renunciar a tot aquest patrimoni cultural i condemnar-nos a una homogeneïtzació cultural empobridora.

2) <u>Reproducció de desigualtats socials</u>. La situació de diglòssia i de minorització lingüística no afecta per igual a tots els grups socials. Quan una societat desvalora alguna llengua, per a imposar com a única llengua de prestigi la de les elits urbanes, està reproduint i amplificant les desigualtats socials existents. Està enviant el missatge que les maneres de parlar d'una part de la població no tenen valor, que han de ser amagades, i són un obstacle per a la mobilitat social.

3) <u>Fractura de la cohesió social</u>. La convivència de dues llengües en condicions de desigualtat genera tensions socials i fractures en la cohesió de la comunitat. Genera enfrontaments entre els qui defensen la llengua minoritzada i els qui la perceben com una imposició o com una amenaça. Genera sentiments d'exclusió entre els qui se senten discriminats per no poder utilitzar la seua llengua en tots els contextos. Una política d'igualtat lingüística, que garantira que es pot viure en qualsevol de les dues llengües oficials sense patir cap discriminació, contribuiria a enfortir la cohesió social i a reduir les tensions. Però això requereix, necessàriament, corregir les desigualtats estructurals i fer que el valencià tinga una presència efectiva en tots els àmbits socials.

4) <u>Violació de drets humans fonamentals</u>. Els drets lingüístics formen part dels drets humans fonamentals. La Declaració Universal de Drets Lingüístics (UNESCO - PEN Internacional 1996) reconeix que totes les persones tenen dret a expressar-se i a ser reconegudes, a rebre l'ensenyament i a accedir als serveis públics en la seua llengua. Quan una societat no garanteix aquests drets als parlants d'una llengua territorial minoritzada, està violant els seus drets humans fonamentals. I això és especialment greu quan es tracta de l'àmbit educatiu, perquè l'escola és l'espai on es formen les persones, on es construeixen les identitats, i on es decideixen les oportunitats de futur.

6 El compromís del professorat: educar per a la justícia lingüística

6.1 El professorat com a agent de canvi social

El professorat de secundària —independentment de la seua especialitat— té un paper fonamental en la construcció d'una societat lingüísticament més justa: no només difon continguts acadèmics, sinó que també transmet valors, actituds i maneres d'entendre el món. Les seues pràctiques quotidianes tenen un impacte directe en la reproducció o la transformació de les jerarquies lingüístiques. Perquè el professorat puga assumir una funció d'agent de canvi social, requereix:

a) <u>Ser conscient de la dimensió política de l'educació</u>. Cal que el professorat siga conscient que la seua tasca no és mai neutral, que sempre implica una presa de posició (encara que siga implícita) sobre qüestions de valors, d'identitats i relacions de poder. I aquesta consciència s'ha de convertir en una reflexió explícita sobre les implicacions polítiques de les pràctiques lingüístiques.

b) <u>Tindre competència lingüística en valencià</u>. És imprescindible que tot el professorat tinga una competència adequada en valencià. Això no vol dir que tot el professorat haja de ser valencianoparlant natiu, sinó que tot el professorat ha de ser capaç d'utilitzar el valencià amb comoditat i correcció en la seua pràctica docent quotidiana. Eixa competència s'ha de garantir tant en la formació inicial com a través de programes de formació permanent per al professorat en actiu. I ha de ser un requisit per accedir a la funció pública docent en el sistema educatiu valencià.

c) <u>Fer una pràctica d'usos lingüístics coherent amb el projecte d'igualtat lingüística</u>. Cal que el professorat practique un ús normalitzat del valencià en totes les seues interaccions en l'àmbit escolar: en les classes, en les reunions, en les comunicacions escrites, en les relacions amb les famílies. Això no vol dir negar el dret de l'alumnat a expressar-se en castellà (que és també una llengua oficial i que ha de ser respectada), però sí que vol dir fer del valencià la llengua vehicular preferent de la vida del centre. Aquesta pràctica ha de ser coherent i continuada en el temps, perquè només així es pot generar en l'alumnat l'hàbit d'usar el valencià. Si el professorat empra el valencià de manera intermitent, o només en determinats contextos (per exemple, només en l'assignatura de valencià), l'alumnat el percep com una llengua d'ús restringit.

d) Desenvolupar un treball educatiu sobre les actituds lingüístiques. Cal que el professorat incorpore en la seua pràctica docent un treball explícit sobre les actituds lingüístiques. Aquest treball no és exclusiu del professorat de llengües, sinó que ha de ser transversal a totes les matèries, ja que les actituds lingüístiques es construeixen en totes les interaccions quotidianes, no només en les classes de llengua. Això vol dir:

– Fer visible la diversitat lingüística del món i del nostre entorn proper.

– Analitzar críticament les jerarquies lingüístiques i els processos de minorització.

– Treballar sobre els prejudicis lingüístics i les discriminacions per raó de llengua.

– Promoure actituds de respecte i valoració positiva cap a totes les llengües i, especialment, cap a les llengües minoritzades.

6.2 Reptes i dificultats: ser realistes sense perdre l'horitzó

Ser honest amb la situació actual del valencià implica reconéixer que hi ha dificultats enormes per avançar cap a un context d'igualtat lingüística. Algunes d'aquestes dificultats són:

a) La inèrcia de les pràctiques socials. Després de dècades de polítiques de castellanització i de naturalització de la jerarquia entre el castellà i el valencià, hi ha una inèrcia social molt forta que fa que moltes persones consideren «normal» usar el castellà per defecte i que perceben l'ús del valencià com una cosa excepcional que requereix justificació. Trencar aquesta inèrcia requereix temps, persistència i un compromís ferm per part de les institucions públiques i dels agents socials, però és possible, com ho demostren els casos del maori a Nova Zelanda, el sami a Noruega i Suècia, el francés al Quebec o l'èuscar al País Basc, on s'ha aconseguit revertir processos de substitució lingüística gràcies a polítiques lingüístiques decidides.

b) La resistència d'alguns sectors socials. Hi ha sectors socials que perceben les polítiques a favor del valencià com una imposició o com una amenaça als seus interessos. Aquests sectors, que sovint tenen una gran capacitat de mobilització mediàtica i política, dificulten l'aplicació de polítiques lingüístiques decidides en suport de la llengua amenaçada. Enfrontar-se a aquestes resistències requereix, d'una banda, argumentar sòlidament la legitimitat i la necessitat de les polítiques d'igualtat lingüística (des de la perspectiva dels drets humans, de la justícia social, de la preservació del patrimoni cultural...). I, de l'altra, generar aliances àmplies que permeten aïllar els sectors més intransigents i construir majories socials a favor d'una defensa eficaç del valencià.

c) <u>Les limitacions dels marcs legals i institucionals</u>. Els marcs legals actuals, especialment la Constitució espanyola de 1978, però també la Llei d'ús i ensenyament del valencià de 1983, presenten limitacions importants que dificulten l'aplicació de polítiques decidides i eficaces a favor del valencià. I la capacitat d'actuació de les institucions valencianes està condicionada pels marcs legals autonòmics i estatals, que sovint limiten, o fins i tot impedeixen, l'adopció de mesures que serien necessàries per a garantir la igualtat lingüística (Esteve i Esteve 2019). Superar aquestes limitacions requereix, d'una banda, modificar els marcs legals valencians per dotar-los de més eines i més capacitat d'intervenció. I, de l'altra, generar moviments socials que pressionen per modificar els marcs estatals en un sentit més respectuós amb la diversitat lingüística espanyola.

d) <u>Les limitacions pròpies del sistema educatiu</u>. El sistema educatiu valencià, després de dècades de polítiques neoliberals, presenta unes característiques estructurals que dificulten l'aplicació de polítiques d'igualtat lingüística: falta de professorat amb competències adequades en valencià, falta de materials didàctics en valencià, absència de suport institucional als centres que aposten per fer del valencià la llengua vehicular... Per a superar aquests límits fa falta una inversió important en el sistema educatiu públic: en formació del professorat, en elaboració de materials, en suport tècnic i pedagògic als centres. I requereix per tant un compromís polític ferm per part de les autoritats educatives per prioritzar la igualtat lingüística com un dels objectius estratègics del sistema educatiu valencià (Tasa i Bodoque 2016).

7 Conclusions: educar per a la convivència i la justícia lingüística

Les pràctiques lingüístiques en l'àmbit educatiu no són mai neutres ni apolítiques. Impliquen sempre una presa de posició sobre qüestions de valors, d'identitats, i relacions de poder. En un context de minorització lingüística com el valencià, aquestes pràctiques tenen un impacte directe en les possibilitats de supervivència de la llengua minoritzada.

El professorat de secundària —de totes les especialitats: matemàtiques, biologia, història, humanitats...— té un paper fonamental en aquest procés. Les seues actituds lingüístiques, les seues pràctiques quotidianes i la seua comprensió de la dimensió política de l'educació condicionen les possibilitats del valencià en l'àmbit educatiu i, per extensió, en el conjunt de la societat.

Avançar cap a una societat on puguen conviure dues llengües, el valencià i el castellà, en condicions d'igualtat requereix:

- Reconéixer explícitament la situació de desigualtat i de minorització del valencià.
- Aplicar polítiques actives d'intervenció en el mercat lingüístic per corregir aquesta desigualtat.
- Fer del valencià la llengua vehicular preferent de l'ensenyament en tot el sistema educatiu públic i concertat.
- Garantir que tot el professorat tinga competències lingüístiques adequades en valencià i que reba formació sobre la dimensió sociolingüística i política de l'educació.
- Treballar educativament sobre les actituds lingüístiques per a promoure actituds de respecte i valoració positiva cap al valencià.

És un repte complex i difícil, que requereix temps, recursos i compromís polític. Però és un repte absolutament necessari si volem construir una societat valenciana més justa, més cohesionada i més rica culturalment. Una societat on es puga viure plenament en qualsevol de les dues llengües oficials, sense patir discriminacions ni haver de renunciar a la identitat.

I el professorat, com a agent de primera línia en la construcció de qualsevol societat, té una responsabilitat i una oportunitat històrica de contribuir al projecte col·lectiu. Un projecte que no és només lingüístic, sinó que és també —i fonamentalment— un projecte de justícia social, de democratització i d'enfortiment de la cohesió comunitària.

Referències bibliogràfiques

Aracil, Lluís V. 1982. Papers de sociolingüística. Barcelona: La Magrana.

Bodoque, Anselm. 2011. «El model valencià de política lingüística». Revista de Llengua i Dret (56):143-72.

Bourdieu, Pierre. [1982]1985. ¿Qué significa hablar? Torrejón de Ardoz, Madrid: Akal.

Bourdieu, Pierre. [1994]1997. Razones prácticas. Sobre la teoría de la acción. Barcelona: Anagrama.

Bourdieu, Pierre, i Jean Claude Passeron. [1970]1995. La reproducción. Elementos para una teoría del sistema de enseñanza. México DF: Distribuciones Fontamara.

Bourdieu, Pierre, i Jean Claude Passeron. [1964]2009. Los herederos: los estudiantes y la cultura.

Brown, Wendy. [2015]2016. El pueblo sin atributos. La secreta revolución del neoliberalismo. Barcelona: Malpaso.

Castelló, Rafael. 2002. «Economia dels intercanvis lingüístics al País Valencià». Treballs de Sociolingüística Catalana 16: 195-216.

Castelló, Rafael. 2008. «Parlem valencià, però no som catalans». P. 89-105 en Llengua i identitat, editat per Àngels Massip. Barcelona: Publicacions de la Universitat de Barcelona.

Castelló, Rafael. 2021. «L'Especulació en el "mercat" lingüístic català». en El Català, la llengua efervescent. 77 visions sobre el terreny, editat per M. Carme Junyent. Barcelona: Viena Edicions.

Castelló, Rafael, i Esther Monzó. 2023. «Legitimized inequalities: Language rights and ideology». Just. Journal of Language Rights & Minorities, Revista de Drets Lingüístics i Minories 2(2): 7-53.

Castelló, Rafael, i Ferran Moya. 2021. El mercat lingüístic valencià: de l'especulació i els seus efectes (1995-2015). Quaderns d'Estudi. València: Càtedra drets lingüístics-UV.

Cortes Españolas. 1978. Constitución Española.

Esteve, Alfons, i Francesc Esteve. 2019. Igualtat lingüística: capgirar el desús i la subordinació. Benicarló: Onada Edicions.

Ferguson, Charles A. 1959. «Diglossia». Word 15(2): 325-40.

Freire, Paulo. 2007. Pedagogía del Oprimido. Siglo XXI Editores.

Freire, Paulo. 2022. Política y educación. Siglo XXI Editores.

Gal, Susan, i Kathryn Ann Woolard, ed. 2001. Languages and Publics: The Making of Authority. Manchester: St. Jerome Publishing.

Lambert, Wallace E. 1981. «Bilingualism and Language Acquisition». Annals of the New York Academy of Sciences 379(1): 9-22.

Landry, Rodrigue, i Réal Allard. 1993. «Beyond Socially Naive Bilingual Educations: The Effect and Ethnolinguistic Vitality on Additive and Substractive Bilingualism». Annual Conference Journal. National Association for Bilingual Education 90-91: 1-30.

Lledó-Guillem, Vicente. 2023. Ideologies lingüístiques a la Comunitat Valenciana: un estudi introductori. Quaderns d'Estudi. València: Càtedra drets lingüístics-UV.

McNamara, Tim. 2020. «The Anti-Shibboleth: The Traumatic Character of the Shibboleth as Silence». Applied Linguistics 41(3): 334-51.

Ninyoles, Rafael Lluís. [1969]1978. Conflicte lingüístic valencià. València: Tres i Quatre.

Ninyoles, Rafael Lluís. 1992. «Sociología de la lengua». P. 421-38 en La sociedad valenciana de los noventa, La sociedad valenciana de los noventa, editat per Manuel García Ferrando. València: Alfons el Magnànim.

Pardines, Susanna, i Nathalie Torres. 2011. La política lingüística al País Valencià. Del conflicte a la gestió responsable. València: Fundació Nexe.

Povinelli, Elizabeth A. 2011. Economies of Abandonment: Social Belonging and Endurance in Late Liberalism. Durham: Duke University Press.

Pradilla, Miquel Àngel. 2001. «El País Valencià: un cas de contraplanificació lingüística». Actes 2on Congrés Europeu sobre Planificació Lingüística 112-28.

Sintes, Elena. 2023. Escola, llengua i equitat educativa a Catalunya. Barcelona: Fundació Bofill.

Ricento, Thomas, ed. 2006. An Introduction to Language Policy: Theory and Method. Malden, MA: Blackwell Pub.

Suay, Ferran, i Gemma Sanginés. 2010. Sortir de l'armari lingüístic: Una guia de conducta per a viure en català. Angle Editorial.

Tasa, Vicenta, i Anselm Bodoque. 2016. Poder i llengua: les llengües de l'ensenyament al País Valencià. Barcelona: Fundació Nexe.

UNESCO - PEN Internacional. 1996. *Declaració Universal dels Drets Lingüístics*.